改革开放进程中的经济学家学术自传

张卓元　高培勇　主编

赵人伟学术自传

赵人伟◎著

ACADEMIC AUTOBIOGRAPHY OF ZHAO RENWEI

SPM

南方出版传媒

广东经济出版社

·广州·

图书在版编目（CIP）数据

赵人伟学术自传／赵人伟著．—广州：广东经济出版社，2019.12

（改革开放进程中的经济学家学术自传）

ISBN 978-7-5454-6837-3

Ⅰ.①赵…　Ⅱ.①赵…　Ⅲ.①赵人伟一自传　②经济学一文集　Ⅳ.K825.31　②F0-53

中国版本图书馆CIP数据核字（2019）第225346号

出 版 人：李　鹏
责任编辑：宋昱莹
责任技编：陆俊帆

赵人伟学术自传
ZHAORENWEI XUESHU ZIZHUAN
赵人伟　著

出版发行	广东经济出版社（广州市环市东路水荫路11号11—12楼）
经销	全国新华书店
印刷	广东鹏腾宇文化创新有限公司 （珠海市高新区科技九路88号七号厂房）
开本	787毫米×1092毫米　1/16
印张	15
字数	157 千字
版次	2019年12月第1版
印次	2019年12月第1次
书号	ISBN 978-7-5454-6837-3
定价	88.00元

广东经济出版社网址：http://www.gebook.com　微博：http://e.weibo.com/gebook
图书营销中心地址：广州市环市东路水荫路11号11楼
电话：（020）87393830　邮政编码：510075
如发现印装质量问题，影响阅读，请与承印厂联系调换。
广东经济出版社常年法律顾问：胡志海律师

《改革开放进程中的经济学家学术自传》丛书

编辑委员会

《改革开放进程中的经济学家学术自传》丛书分册名录

（按姓氏音序排列）

1.《白重恩学术自传》
2.《蔡昉学术自传》
3.《常修泽学术自传》
4.《陈东琪学术自传》
5.《陈锡文学术自传》
6.《迟福林学术自传》
7.《樊纲学术自传》
8.《范恒山学术自传》
9.《房维中学术自传》
10.《高培勇学术自传》
11.《高尚全学术自传》
12.《郭克莎学术自传》
13.《洪银兴学术自传》
14.《黄达学术自传》
15.《黄群慧学术自传》
16.《贾康学术自传》
17.《江小涓学术自传》
18.《金碚学术自传》
19.《李实学术自传》
20.《李晓西学术自传》
21.《厉以宁学术自传》
22.《林兆木学术自传》
23.《刘诗白学术自传》
24.《刘世锦学术自传》
25.《刘树成学术自传》
26.《刘伟学术自传》
27.《马建堂学术自传》
28.《彭森学术自传》
29.《宋晓梧学术自传》
30.《田国强学术自传》
31.《王梦奎学术自传》
32.《王一鸣学术自传》
33.《魏杰学术自传》
34.《魏礼群学术自传》
35.《乌家培学术自传》
36.《吴敬琏学术自传》
37.《杨瑞龙学术自传》
38.《张军学术自传》
39.《张军扩学术自传》
40.《张晓山学术自传》
41.《张燕生学术自传》
42.《张宇燕学术自传》
43.《张卓元学术自传》
44.《赵人伟学术自传》
45.《郑新立学术自传》
46.《周叔莲学术自传》

总　　序

Preface

盛世出华章。中国的改革开放是一场波澜壮阔、前无古人的伟大社会变革，也将是世界经济发展史上的瑰丽篇章。中国经济学家在这场伟大变革中，或贡献了智力，或参与了实践，无论是参政建言还是学术构建，均厥功甚伟。

在我们先后迎来改革开放40周年和中华人民共和国成立70周年之际，为了记录并彰显中国经济学家的历史贡献，为中国特色社会主义事业进一步发挥智慧的力量和作用，同时借以勉励后学筑梦前行，我们组织并编辑了这套《改革开放进程中的经济学家学术自传》丛书。

这套丛书的出版设想，最初由广东经济出版社提出。在此之前，得力于中国社会科学院经济研究所张卓元教授等的大力支持，该社曾于2009年编辑出版《影响新中国60年经济建设的100位经济学家》丛书。那套丛书产生了良好的社会反响，也获得了较高的学术评价。弹指一挥间，又是一个十年，共和国迎来了70华诞，改革开放也逾40周年。在这样一个特殊的背景下，广东经济出版社邀请张卓元教授和高培勇教授领衔，由《经济研究》编辑部具体负责，组织、编辑一套集中反映改革开放进程中的经济学家学术探索和心路历程的丛书。

认识到这是一件颇具眼光、很有意义的事情，于是，便有了读者眼前这套《改革开放进程中的经济学家学术自传》丛书编辑出版工作的启动。

中国经济改革与发展的伟大实践，为中国经济学家的成长提供了肥沃的土壤。要从这些灿若繁星的经济学家中推选出大家比较公认的富有影响力的经济学家，并不容易。怎样推选？推选多少？具体标准是什么？如何约稿？丛书的体例又该如何把握？这一系列相关问题接二连三地提至我们面前。

为此，在初步拟订编辑出版方案的基础上，由张卓元教授和高培勇教授主持，邀请部分专家召开了小范围的论证会议，就组建丛书编辑委员会以及丛书编辑出版的一系列相关问题听取意见，进一步完善方案。

紧跟着，2017年6月25日，丛书编辑委员会会议在北京举行。出席会议的委员共有19位（按姓氏音序排列）：白重恩、常修泽、陈东琪、陈锡文、迟福林、高培勇、郭克莎、黄群慧、金碚、李晓西、刘伟、彭森、宋晓梧、田国强、魏礼群、吴敬琏、张军扩、张燕生、张卓元。因故请假、提供书面意见的委员有10位（按姓氏音序排列）：蔡昉、曹远征、贾康、李实、李扬、厉以宁、林毅夫、刘世锦、钱颖一、张军。

这次编辑委员会会议就如下一些重要问题形成了高度共识：

第一，关于丛书的意义。委员们高度认可丛书的编辑出版工作，认为这是一项富有重要历史和现实意义的出版工程。

第二，关于丛书入选者的标准和数量。委员们认为应本着宁缺毋滥、质量为先原则，以对改革开放事业的某个特定领域做出实质性贡献或产生实质性影响的经济学家为重点，入选者宜掌握在60位左右。

第三，关于丛书的体例。基于凸显学术价值和史料价值的考虑，委员们认为学术自传宜涵盖作者的学术成长历程、作者对改革开放事业某个特定领域的研究成果和学术贡献、作者对特定领域改革前景的展望等方面内容。

第四，关于丛书的读者对象。委员们认为应主要面向青年学者以及学生，谈人生经验、述理想情怀，激励广大青年学者和学生确立奋斗的目标、发展的方向和成功的路径。

第五，关于丛书的文风。委员们主张学术自传应具有较强的理论性、学术性，同时文笔流畅、深入浅出，具有一定的可读性。

在经过充分讨论形成的候选经济学家名单基础上，与会委员按照获得半数以上多数票入选的规则，以无记名投票方式表决确定了65位入选者。

会议还决定，请因故请假的委员继续对候选经济学家名单通讯投票，并根据此项流程的统计结果，提请全体编辑委员会委员再进行一次通讯评审，最终确定丛书入选者为68位。

由此产生的《改革开放进程中的经济学家学术自传》丛书入选作者为（按姓氏音序排列）：白重恩、蔡昉、曹远征、常修泽、陈东琪、陈清泰、陈锡文、迟福林、樊纲、范恒山、房维中、高培勇、高尚全、郭克莎、郭树清、韩俊、洪银兴、华生、黄达、黄群慧、贾康、江小涓、金碚、李剑阁、李京文、李实、李晓西、李扬、厉以宁、林毅夫、林兆木、刘国光、刘鹤、刘诗白、刘世锦、刘树成、刘伟、隆国强、楼继伟、马建堂、彭森、钱颖一、宋晓梧、田国强、王梦奎、王一鸣、魏杰、魏礼群、乌家培、吴敬琏、吴晓灵、杨启先、杨瑞龙、易纲、余永定、张军、张军扩、张维迎、张晓山、张燕生、张宇燕、张卓元、赵人伟、郑新立、周其仁、周叔莲、周小川、朱玲。

在确定入选者名单之后，《经济研究》编辑部立即展开了组稿工作，共有46位入选者接受约稿。在这一过程中，入选的经济学家或其家属、秘书、好友等，对我们的工作给予了热情的支持，在百忙之中积极准备所需要的文献，其认真精神令人感动。应该说，没有他们的积极响应和大力支持，这套丛书是难以按时按质完成的。

由于入选的经济学家大多是名人、忙人，有一部分老作者也已年届九十高龄，约稿的工作量及其难度可想而知。一些作者提出暂不能写作，这多少令我们感到些许遗憾。其间也有许多感人的情景要告诉读者们：常修泽先生于2018年夏天在吉林延边的一个小镇闭门两三个月专事自传写作，在整个写作过程中数十次与编辑部和出版社沟通，包括内容完善、结构设计和一些合理性建议等诸多细节，并且在约定期限内交稿给编辑部；九十五岁高龄的黄达教授在写作过程中十余次通过电话或电子邮件与编辑部讨论写作重点和风格；乌家培、林兆木、王梦奎等老先生也是不厌其烦，反复就文字沟通润色；周叔莲先生在去世前一周还给编辑部打电话，告诉编辑自己已经基本完成了书稿的写作，并详细介绍了自己的写作过程和感想，我们至今忆此仍为之动容。在这些难得的沟通中，我们一次次被感动。

随着此套丛书的陆续编辑出版，我们越来越强烈地体会到了这项工作的意义和价值:

入选这套丛书的作者，系改革开放进程中的经济学家，他们的知名度较高，社会影响较大。这套自传体丛书，是对他们的代表性研究成果、学术贡献、成长历程及人格魅力的一个集中展示。对于广大读者特别是青年学子来说，这无疑是一个难得的学习、了解我国经济理论和现实问题的机会。

这些经济学家在各自的学术领域都是佼佼者或领军者，他们学术素养深厚、学术成就卓越。他们在自传中大多以第一人称娓娓道来，讲述了自己的家国情怀与学术成长经历，为记录我国改革开放历程留下了第一手资料。从经济史和思想史的角度看，这应该是非常有史料价值的研究文献。

众多大家的纸上风华，既映射出中国改革开放40多年取得的巨大成就，也是对中国改革与发展经验比较系统的总结。正如习近平总书记所指出的:“从我国改革发展的实践中挖掘新材料、发现新问题、提出新观点、构建新理论，加强对改革开放和社会主义现代化建设实践经验的系统总结，加强对发展社会主义市场经济、民主政治、先进文化、和谐社会、生态文明以及党的执政能力建设等领域的分析研究，加强对党中央治国理政新理念新思想新战略的研究阐释，提炼出有学理性的新理论，概括出有规律性的新实践。这是构建中国特色哲学社会科学的着力点、着重点。”应该说，本套丛书的作者们用生动而精彩的人生与学术追求，践行了这一重要要求。

这套丛书的编辑出版与《经济研究》编辑部各位同仁的努力也是分不开的。他们通过电话、短信和邮件等方式不断地与作者或其家人、秘书等进行沟通。参加组稿和审稿工作的人员有：郑红亮、刘霞辉、张永山、唐寿宁、王利娜、谢谦、金成武、孙三百、陈小亮、欧宏、王红梅、刘莹、曹帅。

广东经济出版社的领导和编辑在本丛书的出版过程中也做了大量的工作，正是有了他们的努力，这套丛书才能得以顺利与读者见面。

特别值得一提的是，这样一套组织工作浩繁的大型丛书，见证了《经济研究》编辑部与广东经济出版社值得称道的团队合作精神。编辑部的张永山、王红梅同志和广东经济出版社的编辑团队从始至终为丛书的组织沟通、约稿、文稿整理付出了大量的心血，他们的耐心和一丝不苟的敬业精神令人称道。

这套丛书就此付梓了，回望中国改革开放的辉煌岁月，携手丛书作者对祖国的拳拳心路与期待，我们略感欣慰！但由于时间仓促，加之我们的水平有限，书中的不足和错误之处在所难免，敬请广大读者批评指正。

《改革开放进程中的经济学家学术自传》丛书编辑委员会

2019年10月

赵人伟

赵人伟，男，1933年3月生于浙江金华。1953年毕业于浙江金华中学（今金华第一中学），1957年毕业于北京大学经济系。1957年至1961年，任中国科学院经济研究所实习研究员。1962年至1979年，任中国科学院（1977年以后为中国社会科学院）经济研究所助理研究员。1979年至1985年，任中国社会科学院经济研究所副研究员。1985年，成为中国社会科学院经济研究所研究员。1990年被评为博士生导师。1992年起享受国务院颁发的政府特殊津贴。2006年8月被授予中国社会科学院荣誉学部委员称号。

1985年7月至1988年10月，任中国社会科学院经济研究所副所长。1988年10月至1991年3月，任中国社会科学院经济研究所所长、学术委员会主任，《经济研究》杂志主编。

1982年1月至1984年2月，英国牛津大学圣安东尼学院访问学者。1992年8月至1993年3月，美国哥伦比亚大学、加州大学河滨分校（UCR）访问学者。1996年4月至8月，德国杜伊斯堡大学访问学者。1997年5月至7月，英国牛津大学万灵学院访问学者。

曾任中国比较经济学研究会副会长，北京凯恩克劳斯经济研究基金会理事长。

改革开放以来，曾在以下几个领域从事研究：关于居民收入分配和财产分布问题；关于计划和市场的关系问题；关于经济体制转型和经济发展转型及其相互关系问题；关于社会保障体制的改革和建设问题。代表作有《劳动者个人收入分配的若干变化趋势》《中国居民收入差距的扩大及其原因》《中国居民财产分布研究》《中国经济体制改革目标模式的总体设想》《对我国经济改革二十年的若干思考——特点、经验教训和面临的挑战》《中国渐进式经济改革的成效与挑战》等。

因从事计划和市场问题的研究获1984年（第一届）孙冶方经济学奖。因从事收入分配问题的研究获1986年（第二届）和1994年（第六届）孙冶方经济学奖。因从事收入分配问题的研究获1996年中国社会科学院专著类优秀科研成果奖。因从事社会保障体制的改革和建设问题的研究获2007年新闻出版总署“三个一百”原创图书奖。因从事收入分配问题的研究获2017年（第八届）中国经济理论创新奖。

赵人伟学术自传

目录

第一章

成长经历和从事学术研究的历程

一 家庭背景和学生时代

我于1933年3月23日生于浙江省金华县城东区一个普通的知识分子家庭。父亲是金华中学（今金华第一中学）的地理教员。我的童年时代是在日本侵华的战乱中度过的。金华县城先被轰炸，后被占领。我们全家都逃离到偏僻的山村，但是经常遭受日军的扫荡，居无定所，我只能随父母一边逃难一边求学。

（一）小学时代的缺失

由于战乱的原因，我在小学阶段辍学的时间比上学的时间还要多，没有系统学习的机会。后来成为一名研究人员后回想起来，我的小学阶段应该说没有练好童子功。

（二）中学时代的得失

抗战胜利以后，我考入金华中学读书。中学时代除了因病休学以外都在接受比较系统的教育。不过具体分析起来应该说是有得有失。金华中学在当地是一所比较好的中学，不过在教师的配备上仍有参差不齐的问题。有的科目教师教得比较好，学生学得也比较好。有的科目教师配备不齐或请假过多，学生学得就不够系统。就数学来说，教我们平面几何的老师教得很好，大有引人入胜的感觉，学生学得也比较好。因此我这门课程对逻辑思维的训练成果可以说能够享用一辈子。但是，代数课老师（还有历史课老师）请假过多，我学得就不够系统。就语文来说，老师教得也很好，在白话文写作方面的训练也是比较好的，但是，古文阅读的训练就比较差，更谈不上文言文的写作了。至于英语，最初学校比较重视，每周有六节课，但后来压缩成每周两节课。

（三）大学时代的两个侧面——教条的背诵和自由独立的思考

1953年我考入北京大学经济系，从此开始了经济学学习和研究的生涯。

在大学的学习阶段（1953—1957），正值第一个五年计划时期。这一阶段，除了临毕业时的“反右运动”以外，政治运动相对较少，因此，大学期间所受的教育也还算比较系统。不过，当年的大学教育在“一边倒”的背景下，照搬苏联的一套，特别是在社会科学领域，完全是灌输式的，而不是启发式的。学生都忙于上课记笔记，下课补笔记，考试背笔记。老师的情况则更为特殊，1952年高等院校院系调整以后，许多名校（包括清华大学、北京大学、燕京大学等）的经济学名教授，诸如马寅初、陈岱孙、陈振汉、赵迺抟、周炳琳、樊弘、罗志如、

1957年拍摄于北京大学校门前

徐毓楠、严仁赓等都集中到北京大学来。这些名教授许多是毕业于哈佛大学、剑桥大学、哥伦比亚大学等名牌大学的博士。因此让他们用苏联的教科书和按照苏联专家拟定的教学大纲来讲课是非常困难的。

陈岱孙教授很聪明。他给我们讲经济思想史，讲到古典经济学大师斯密和李嘉图为止。

罗志如教授的适应性很强。他给我们开国民经济计划课，居然能按照苏联专家布里也夫的讲稿来讲课，而且能讲得学生爱听。

周炳琳教授就没有那么幸运了。他给我们开的课是外国经济史。他开的这门课既没有思想性，也没有足够的史料，讲得很零乱，学生也不爱听。因此，只开了几周就停课了。令人难以置信的是，堂堂北京大学，有那么多名教授，居然没有一位能接替周炳琳教授来讲授外国经济史。因此，在我们的学习过程中，外国经济史这门课一直空缺。然而，一个学生如果缺少外国经济史的知识，特别是缺少工业革命以来欧洲经济史的知识，对马克思《资本论》的理解就要肤浅得多。

在斯密和李嘉图以后的经济学，我们只学马克思主义。马歇尔及以后的庸俗经济学根本没有进课堂①。现在看来，即使从知己知彼的角度，也应该对庸俗经济学有所了解，因为，要批判庸俗经济学，必须先了解它“庸俗”在哪里。

---

① 这里指的是必修课的课堂。至于选修课，则在1956年的下半年开过凯恩斯经济思想的公共选修课，由徐毓楠和樊弘两位教授主讲，但因国际形势的变化，很快就停止授课。这门选修课也只能说是昙花一现。

政治经济学无疑是最主要的课目。其中的资本主义部分以马克思的《资本论》和列宁的《帝国主义论》为主要依据；社会主义部分则以斯大林的《苏联社会主义经济问题》和由苏联科学院经济研究所编的《政治经济学教科书》为主要依据。在我们学习的过程中，把马克思的著作和斯大林的著作都当作同样的经典，后来才慢慢地发现，斯大林是无法同马克思相提并论的。举一个例子：马克思是对垄断前的资本主义作了深入的解剖，而斯大林则仅仅对不同的社会经济形态作了规律性的表述。马克思重分析和解剖，斯大林则是重表述、缺分析，重结论、缺证据。当时在我们班上发生了一件有趣的事情，由于斯大林把垄断前资本主义的基本经济规律表述为“剩余价值规律”，于是有同学要求老师从《资本论》里找出“剩余价值规律”这几个字的表述。但是，即使老师和同学们一起找，也无法从《资本论》第一卷中找出这一表述。然而，整个《资本论》第一卷实际上是用层层剥笋的方法分析和解剖了剩余价值的秘密。分析和解剖重要，还是规律表述重要，一对比就明白了。斯大林的这种经济学，后来被人们称为“口号经济学”。

斯大林经济学还有一个显著特点是只重视“质”而不重视“量”。因此，当年北京大学经济系根本就没有开设数学课。这对以后的研究工作无疑产生了负面的影响。由于缺乏数学的功底，我在后来的研究工作中做经验实证的分析时就感到很吃力。

由于受苏联教条主义和“斯大林经济学”的影响，经过四年的学习，我身上的确有很多教条气。不过，话说回来，蔡元培任校长时所提倡的兼容并包的思想，时任校长马寅初在人口问题研究上的独立思考精神，仍然对我的治学理念具有潜在的和深刻的影响。总的来说，我在北京大学期间所受的教育，既有死记硬背、教条的一面，又有独立思考的一面。

大学学习期间，除了接受上述学校教育以外，我也阅读了一些课外书籍。在这里，仅举一个实例，那就是阅读于光远的一篇文章，这篇文章给了我研究方法上的启示。这篇文章的题目是《论半社会主义的农业生产合作社的产品分配》，发表在《经济研究》1955年第2期上。令人刮目相看的是，这篇文章对半社会主义性质的农业生产合作社的劳动报酬和土地报酬及其相互关系作了一定程度的实证分析和定量分析。这种研究方法同斯大林经济学的研究方法迥然不同。在当年的社会背景下能写出这样的文章确实是难能可贵的。遗憾的是，这种分析方法长期未能得到发展，特别是1958年张春桥发表了关于破除资产阶级法权的文章以后，分配问题的研究一直在姓“资”还是姓“社”中兜圈子，耗费了大约20年的时间。直到粉碎“四人帮”以后，于光远不得不在20世纪70年代末发起按劳分配问题的讨论，在分配领域掀起了拨乱反正的高潮。我们作为晚辈，只有在拨乱反正的基础上才能将分配问题的研究逐步引入定性分析和定量分析相结合、实证分析和规范分析相结合的轨道。

二 参加工作以后走向经济学研究之路的五个阶段

第一阶段：在政治运动的夹缝中进行学术研究的打基础阶段。

1957年秋，我从北京大学毕业，被分配到中国科学院经济研究所（以下简称经济研究所）工作。当时所里的“反右运动”还没有结束，我的主要任务是参加体力劳动。先是在中关村参加建筑工地上的劳动，随后就被下放到河北井陉县劳动，直到1958年底回到研究所。所以，“大跃进”期间我是在农村度过的，亲身经历了农村“大跃进”的日夜苦战和大炼钢铁的红火场面。

回研究所后不久，恰逢全社会贯彻中央郑州会议精神，讨论商品生产、价值规律等问题。这些问题的讨论，实际上是要纠正“大跃进”造成的失误。1959年春，经济研究所在上海举办了商品生产和价值规律问题研讨会。随后，孙冶方就在青岛撰写了《论价值》一文。不过，这些纠偏活动刚刚开始，形势就发生了逆转。原因是彭德怀在庐山会议上的意见书引发了反对右倾机会主义的运动。所里急召孙冶方从青岛回京参加运动。在这个运动期间，所领导要我做记录和写简报。大约半年的时间里，我是在整理记录和写简报中度过的。由于运动中所涉及的问题都同经济有关，因此我把整理记录和写简报的工作同时当作学术研究收集资料和写综述的工作来做。从这时开始，我养成了一个习惯：在对一个专题进行研究时，必须对这一领域的前人研究成果进行梳理和综述，然后在此基础上往前推进。

"大跃进"以后，我国的经济陷入了大约三年的困难时期。这三年期间，中央提出了"调整、巩固、充实、提高"的八字方针，整个国民经济进入了调整时期。在调整时期，经济学界的三巨头——薛暮桥、孙冶方、于光远，发起了一系列重大经济问题的讨论，诸如社会主义制度下的商品生产和价值规律问题、经济核算和经济效果问题以及社会主义再生产问题。参加讨论的不仅有北京的经济学家，还有其他地区的经济学家；不仅有经济理论工作者，还有广大的经济工作者。

我当时在《经济研究》编辑部工作，亲身经历了这三大问题的讨论。我在这一阶段的工作主要是参加各种讨论会，经常做记录和整理，并在再生产问题上做了少量研究。当时我在编辑部分管再生产问题的稿件。我认为，社会主义再生产问题的讨论中关于简单再生产和扩大再生产问题的讨论颇具中国特色，因为苏联和东欧往往只讨论两大部类的比例关系问题，而没有就简单再生产和扩大再生产问题进行过专门的讨论。我将围绕这一问题的讨论整理成了一份详细的综述，并在此基础上写了一篇文章，均发表在1964年的《经济研究》上面。

现在回顾起来，这三大问题的讨论具有如下三层意义。

第一，总结"大跃进"的教训，配合中央"调整、巩固、充实、提高"八字方针的贯彻，促进国民经济的迅速好转。从经济实践来看，这三大问题都是切中时弊的。在"大跃进"的实践中，由于否定了商品生产、价值规律和等价交换原则，许多产品都实行了无偿调拨，大大地挫伤了广大城乡劳动者的积极性。由于过度地强调"以钢为纲"，造成国民经济的比例关系严重失调，特别是两大部类之间的比例关系，农业、轻工业和重工业之间的比例关系严重失调。由于只强调产值的翻番，无法计算投入和产出之间的关系，企业经济核算陷入混乱，整个国民经济无法计算经济效果。可见，这三大问题讨论的时代背景是非常清楚的。当时摆在经济学家面前的两难问题是既要克服“大跃进”所造成的经济困难，又不能正面批评“人跃进”本身。可见，在当时的体制背景下，发起和推动这三大问题的讨论确实是一种智慧之举。事实证明，经济学界对这三大问题的讨论，紧密地配合了“调整、巩固、充实、提高”八字方针的贯彻，在不太长的时间里就促进了国民经济的好转。

第二，这些问题的讨论和研究，在一定程度上揭露了传统计划经济的弊病。应该说，“大跃进”的错误是传统计划经济弊病的一种极端的表现。因此，在纠正这些错误的同时，自觉地或不自觉地会揭露传统计划经济体制的弊病本身。这种揭露，不仅有上述纠正“大跃进”错误的现实意义，而且有总结计划经济体制是否可行的理论意义。计划经济的一大特征是资源的实物配置，换言之，就是否定商品生产、价值规律或市场机制的作用，具体来说，就是价格的高低，对于一个生产单位生产与否、生产什么、生产多少都没有作用，一切均由行政当局的实物指令决定。这种计划经济还有一些其他特征，诸如供求失衡（供不应求），比例失调（两大部类关系失调、积累和消费失调），重数量、轻质量等。应该说，当年三大问题的讨论，已经在不同程度上涉及这些问题。而这些问题，当年的东欧改革派经济学家也已经在研究和讨论。只是当年我们同东欧学者缺乏交流，直到20世纪80年代初以后才有这种交流。通过交流，我们发现，彼此遇到的问题是类似的，只不过常常用不同的术语和方式来表达而已。在有关商品生产和价值规律的讨论中，于光远是“商品宽派”（有交换就有商品），孙冶方是“价值宽派”（价值是费用和效用的比较、千规律万规律价值规律第一条）。因此，他们两位常常被人们称为“商品万岁派”和“价值万岁派”。孙冶方主张制定产品价格要以生产价格为基础，实际上是要寻求价格形成的客观基础，来取代价格形成中的行政方法；东欧改革派则往往把计划经济中价格形成的行政方法批评为货币只起消极的作用，或货币只是消极的货币（布鲁斯），即支付货币的多少不构成选择（买不买或买多少）的基础。我们常常把计划经济下供求失衡称为“供不应求”；东欧改革派则将这种情况概括为“短缺经济”（科尔奈）。孙冶方在《从“总产值”谈起》中批评了重数量、轻质量的倾向；东欧改革派则把这种倾向概括为“数量驱动”（科尔奈）。对于积累和消费失衡以及过度投资，我们在再生产问题的讨论中往往将其概括为正确处理简单再生产和扩大再生产的关系，提倡先生产后基建；东欧改革派则将之概括为“投资饥渴症”（科尔奈）。可见，当年无论是中国的讨论还是东欧的讨论，实际上已经触及计划经济的根基。

第三，在一定程度上为20世纪80年代以来市场取向的经济体制改革打下了基础。一说到十一届三中全会以来的改革开放，人们往往会联想到此前的“文化大革命”（以下简称

"文革"）。诚然，改革开放是对"文革"的拨乱反正。但是，拨乱反正并不是简单地恢复到过去，而是要往前探索一条新路（详后）。当年推动和倡导三大问题讨论的领军人物于光远和薛暮桥，在20世纪80年代以来市场取向的经济体制改革中也同样成为领军人物（孙冶方于1983年去世，他的理论也为经济体制改革打下了基础）。当年参加三大问题讨论的中生代经济学人，很多也成为改革开放的排头兵。虽然80年代和60年代相差20年，但从这些经济学人的表现中，不难发现他们20年间在学理上的连续性和继承性。

随着"调整、巩固、充实、提高"八字方针的贯彻和经济形势的好转，全国逐步开展了新的运动。1964年10月，经济研究所成为"四清"运动（社会主义教育运动）的重点，一个庞大的工作队进驻经济所，全所停止业务搞运动，主要是批判孙冶方的修正主义经济观点。所里的"四清"运动告一段落以后，我们又于1965年9月下放到周口店参加农村的"四清"运动。

第二阶段："文革"期间总体丢失阶段和"文革"后期开始了解外部世界并为改革开放作初步的学术准备的阶段。

"文革"期间完全停止研究业务，因此，总体来说研究工作是丢失的。不过具体来说又可以分为两个小阶段：第一个小阶段是从1966年到1972年，先是在北京参加运动，然后1969年下放干校参加劳动，直至1972年回到北京；第二个小阶段则从1972年到1976年"文革"结束。在第二个小阶段中，虽然也有"批林批孔"运动和"反击右倾翻案风"运动，但是，同第一个小阶段相比，有了许多自由支配的时间。而且，自从美国时任总统尼克松于1972年访华以后，整个政治氛围也宽松了一些，特别是增添了学习英语的气氛。在这个小阶段里，有以下几件事是同改革开放后恢复业务有关联的（因此，这一小阶段可以称为“为改革开放作初步的学术准备的阶段”）。

第一件事是在顾准的指导下学习英语和经济学。

大约在1973年初，顾准从《美国经济评论》上选了美国经济学家鲍尔丁（Kenneth E. Boulding）所写的《作为道德学的经济学》一文让我翻译。他说：“鲍尔丁的这篇文章写得太好了，你要学习英文和经济学，可以试着将它翻译成中文。”我试着“啃”了几个星期也没有把这篇文章翻译出来。看来我的英文和当代西方经济学的底子都不行，实在“啃”不动。于是只好另找一篇经济学和英文都比较浅显一点的文章来翻译，翻译完以后我把译稿交给他审阅。顾准居然放弃原定去北京图书馆的计划，对我的译稿做了详细的审阅和批改。他批改的文字在经济研究所的宽边稿纸的四周写得密密麻麻。他的这种诲人不倦的精神令我非常感动。由于他在“文革”前就已经翻译过熊彼得和罗宾逊夫人的名著，对许多经济学的词汇都吃得比较透，因此，对我译稿的修改也很到位。在这里仅举一个实例，在我的译稿中，我把英文“economic mechanism”翻译成“经济机构”。他说，在这个场合，“mechanism”应该翻译成“机制”。他批改说：“机制是一个机体的运作方式。”在他的启发下，我对“机制”一词有了新的理解：经济有机体的运作方式是经济机制；市场经济有机体的运作方式是市场机制；生理有机体的运作方式是生理机制。但是，这样的理解要在经济学界得到认可并不是一件容易的事情。记得大约5年以后，在1979年无锡召开的商品生产和价值规律研讨会上，有人就反对使用“经济机制”“市场机制”这样的术语。甚至有人说：“什么叫机制？内行说不清，外行听不懂，这就叫机制。”顺便提一下，当时不仅“机制”一词受到质疑，连“宏观”“微观”这样的词汇也常常遭到排斥。有人说，《资本论》第一卷讲的是个别资本，第三卷讲的是社会总资本，何必再引进什么“微观”和“宏观”。记得我同台湾的学者交流时，他们认为，大陆将“macro”和“micro”译成“宏观”和“微观”非常好，比台湾译成“总体”和“个体”要好。可见，即使国际上已经通行的科学术语，哪怕已经翻译得相当准确，在从封闭走向开放的初期，要让人们普遍接受仍然需要经历一番“阵痛”。

第二件事是参加审读美国经济学家加尔布雷思（John Kenneth Galbraith）访问中国以后所写的《中国之行》[①]一书。

1972年初尼克松访问中国以后，一些美国学者也相继来中国访问。其中颇令人瞩目的是1972年9月美国经济学会会长代表团对中国的访问。该代表团由加尔布雷思、托宾（James Tobin）和列昂惕夫（Wassily Leontief）三人组成，加尔布雷思说他是名义上的团长。之所以称为美国经济学会会长代表团，是因为这三位学者都相继担任过美国经济学会的会长。这三人中，托宾和列昂惕夫后来都获得了诺贝尔经

① John Kenneth Galbraith. *A China Passage*[M]. Boston：Houghton Mifflin Company，1973.

济学奖。他们于1972年9月8日至22日对中国进行了为期半个月的访问。访问以后，加尔布雷思写了《中国之行》一书，于1973年在美国出版。当时的"军宣队"组织经济所的一些研究人员对该书进行审读。审读工作由前副所长邝日安负责，我也应邀参加。我想借此机会学点英语，同时了解外国专家对中国的看法。我认为，书中加尔布雷思对经济研究所的评论和对人才培养问题的看法是值得回味的。

他写道："经济研究所是一个相当大的和享有盛名的研究机构，但自从'文化大革命'以来仍然遭受某种迷失方向之苦（The Institute of Economics is a sizable and prestigious research organization still suffering from some disorientation following the Cultural Revolution）。"当时，经济研究所刚刚从"五七干校"返回北京，连办公的地点都没有找到，许多工作人员尚无栖身之地，有一些人只好在历史所的小礼堂之中办公休息。在这种情况下，该代表团自然无法访问经济研究所，也无法同经济研究所的研究人员进行学术交流。加尔布雷思对经济研究所作出这样的评论是很自然的。

加尔布雷思对人才培养问题有如下几段论述："大学自'文化大革命'以来仍处在混乱之中，学生和身体健康的教员要花三分之一的时间下工厂和人民公社同群众相结合""我冒昧地提出了一个棘手的观点，尽管防止大学的教员和学生变成一个特权等级是重要的，但是，你不可能在工厂里面造就出第一流的数学家、物理学家和化学家，而这样的人是不容许在青年时代浪费光阴的，他们在30岁或40岁时（把创造性的才华）消耗殆尽（burn out），随后就成为学术领导人（academic statesmen）”。加尔布雷思关于人才培养问题的这一论述实际上是对我国在“文化大革命”中一些极端做法的批评。当然，他的观点是否也有偏颇之处，仍然是可以讨论的。例如，第一流人才的精力是不是到了三四十岁就消耗殆尽（burn out），就是一个值得讨论的问题，我们的老祖宗不是也有“大器晚成”的说法吗？不过，他要求青年时代不浪费光阴这一点总是千真万确的。

第三件事是钻到经济研究所图书馆里去看书。

尽管“文革”后期仍有“批林批孔”运动和“反击右倾翻案风”运动，不过在运动的夹缝中仍然有一些可自由支配的时间。1975年至1976年间，经济研究所图书馆终于搬到了月坛北小街二号一栋楼的地下室，也把“文革”中捆绑起来的图书解开上架。于是，我们常常钻到地下室去看书。在这一阶段所看的书中，有两本给我留下了比较深刻的印象：一本是瑞典籍作家阿萨·林德贝克（Assar Lindbeck）的《新左派政治经济学——一个局外人的看法》[1]，另一本是欧内斯特·曼德尔（Ernest Mandel）的《论马克思主义经济学》。

林德贝克曾经长期担任诺贝尔经济学奖评奖委员会的主席，是一位有国际影响力的经济学家。他的《新左派政治经济学——一个局外人的看法》中对各种不同经济制度的分析对于我们在改革开放以后研究比较经济体制有一定的参考价值（详后）。另外，该书中所使用的一些国际上通行的经济学术语，对我们了解外部世界也有所帮助。例如，“零和博

① Assar Lindbeck. *The Political Economy of The New Left——An Outsider's View*[M]. San Francisco：Happer & Row Publishers，1977.

弈”（zero-sum games）、“卖方市场”（seller's markets）等术语，对我们这些长期闭塞的人来说很新鲜。若干年以后，布鲁斯于1980年在经济研究所作报告时提到买方市场和卖方市场，在座就有经济学家提问道：“什么叫买方市场、卖方市场？”

林德贝克这本书由张自庄和我翻译成中文，于1980年在商务印书馆出版。遗憾的是，当年把这些术语翻译成中文时，译文没有规范化。

曼德尔的《论马克思主义经济学》这本书分上、下两册，上册讲资本主义，下册讲社会主义。此书在“文革”以前已经被翻译成中文，交由商务印书馆出版。不过，“文革”前只出版了上册的中文版，下册的中文版压在商务印书馆里未付印。好在经济研究所的图书馆里还有此书下册的英文版，于是我就饶有兴趣地边学英文边读此书的下册。当时此书给我留下的粗略印象是，在写作上没有苏联式论文和教科书那种教条的习气，而且能掌握一些新的事实和数据，因此读起来并不乏味，甚至有点引人入胜，但其基本观点是极“左”的。1979年商务印书馆出版了此书下册的中文版，我重读此书下册的中文版以后，进一步加深了这一印象。

曼德尔是比利时人，曾任托派第四国际书记处书记，系托派著名的政治活动家和经济理论家。西方经济学界一般把他归入“新左派”经济学家之列，例如，上述林德贝克在《新左派政治经济学——一个局外人的看法》一书中就把曼德尔的这本书列为“新左派”的代表作。20世纪60年代中期到70年代中期，活跃于欧美的“新左派”，支脉众多，观点相当庞杂。曼德尔属于其中倾向托洛茨基的一翼。他在政治上持托派立场，在经济上属托派观点。

曼德尔在此书中对斯大林时期高度集中的苏联经济体制及其弊病进行了尖锐的批评。例如，“把一切经济上的资源都集中在国家手里，就有保持或扩大社会不平等的危险”；“把社会剩余产品那样地集中在中央机关手里，就一定会造成中央机关成员享受重要的特权”。他还揭露了斯大林时期所出现的工农业之间、重工业和轻工业之间、积累和消费之间比例关系失调的现象以及牺牲农民的利益来实现工业化和牺牲消费者的利益来实现高积累的弊病。

然而，曼德尔是从更“左”的立场上来批评斯大林的。例如，他一直否定社会主义经济中存在商品货币关系或市场机制。但是，按照他排斥市场机制的理论体系所建立起来的经济体制是无法摆脱高度集中的状态和实现民主管理的。又如，他把经济激励和按劳分配都视为资本主义的同义语，崇尚通过动员和命令的办法来解决社会主义的经济问题。再如，他对社会主义的许多设想，特别是关于“国际社会主义”的设想，例如声称按照他的办法去做，到20世纪末就可以在世界范围内实现每周工作20小时至24小时和大学教育的普及化等，也只能是脱离实际的空想。

由于改革开放前夕对曼德尔的极“左”观点有了一定程度的了解，所以，在改革开放初期我同吴敬琏商议，对正在掀起的学习曼德尔此书的旋风提出了不同意见。经济研究所为此召开了座谈会，我们还在《经济学动态》1980年第11

期上发表了评论文章[①]。所以，一场刚刚掀起的“曼德尔旋风”就偃旗息鼓了。[②]

第三阶段：改革开放以来第一个十年的怒放阶段。这一阶段从事的学术活动比较多，研究的领域也比较广。

这一阶段从1978年十一届三中全会算起大体上是10年。不过，如果加上从粉碎“四人帮”到十一届三中全会召开的两年多，大约有12年。

（一）参加批判“四人帮”的经济理论

1977年中至1978年初，由董辅礽副所长担任主编，并由所长许涤新作序，全所30多人参加，写了一本批判“四人帮”经济理论的书[③]。我除了参加有关章节的写作以外，还参加了全书的统稿工作。这本书是经济研究所中断研究工作13年（1964—1977）以后恢复研究业务的第一本著作。这本著作无疑在批判“四人帮”的极“左”观点和拨乱反正方面发挥了积极的作用。例如，批判了“四人帮”的唯心史观，揭露了他们打着批判“唯生产力论”的幌子，把历史唯物主义的基本原理当作“唯生产力论”来攻击，把历史唯物主义

① 赵人伟，吴敬琏，荣敬本. 简评曼德尔《论马克思主义经济学》第十五至第十七章[J]. 经济学动态，1980（11）.

② 当时此书得到主管意识形态理论家的赞扬并将此书推荐给高层，于是，一时间形成了学习此书的高潮。有的单位甚至将此书的重要章节印成大字本，同马列经典著作同等看待，供领导干部研读。（柳红. 当代中国经济学家学术评传：吴敬琏[M]. 西安：陕西师范大学出版社，2002：185-186.）

③ 中国社会科学院经济研究所.“四人帮”对马克思主义政治经济学的篡改[M]. 太原：山西人民出版社，1978.

揭示的按照社会发展客观规律所进行的一切生产实践活动都当作“唯生产力论”来讨伐；批判了“四人帮”的物质利益观，揭露了其对社会主义生产目的和利润作用的歪曲；批判了“四人帮”的资产阶级法权观，揭露了其对按劳分配的歪曲；批判了“四人帮”的商品观，揭露了其对价值规律作用的歪曲。当然，由于当时还没有提出改革开放的任务，这种批判用今天的观点来看仍然有其局限性。

1977年末，经济研究所准备复刊《经济研究》杂志。该杂志从1966年以来已经中断了十一年半的时间。许涤新所长和董辅礽副所长找我谈话，要我在协助董辅礽编书的同时为《经济研究》写一篇准备在1978年1月复刊的社论。这篇社论以批判“四人帮”的经济理论为主轴，以恢复研究业务为目标。我起草的复刊社论得到所领导和编辑部同仁的一致认可。

（二）根据十一届三中全会的精神探索经济改革（经济体制转型）的问题

1. 探索计划和市场的关系问题

1978年末，党的十一届三中全会以后，经济学界响应党的号召积极探索经济体制改革的问题。当时最引人注目的一项活动就是1979年4月在无锡召开的关于商品生产和价值规律问题的研讨会。如前所述，1959年4月，经济学界曾经在上海举行过一次关于商品生产和价值规律问题的研讨会。1959年的上海会议是为了克服“大跃进”和人民公社化运动所造成的经济混乱而召开的；1979年的无锡会议是为了克服“文化大革命”运动所造成的经济混乱而召开的。虽然两次运动在时间上相距甚远，但有一个共同点就是都否定了商品生产和价值规律的积极作用，从而也都否定了货币、价格、市场、工资、利润、按劳分配等的积极作用。因此，两次会议都有拨乱反正的意义，而且，后一次无锡会议还有推动改革开放的意义。后一次会议的规模也比较大。主办单位除了中国社会科学院经济研究所以外，还有国家计委经济研究所和江苏省哲学社会科学研究所。参加的人员除了经济理论工作者以外，还有政府各部门的经济工作者。在改革开放的背景下，这次会议所使用的经济学术语也可以说是百花齐放、中西合璧。有人沿用"商品经济""价值规律"等术语，也有人使用国际上通行的"市场经济""市场机制"等术语。在改革开放的背景下，当时还面临着如何把僵化的计划经济搞活的问题。为了给无锡会议准备论文，刘国光同我商议，一致同意以《论社会主义经济中计划与市场的关系》为题为无锡会议提供一篇论文。此文由我起草了一份初稿，刘国光在此基础上作了重大的修改和补充。文章在《经济研究》1979年第5期正式发表，不过，此前曾刊登在中国社会科学院《未定稿》上。胡耀邦同志在《未定稿》上看了这篇文章以后作了如下批示："这是一篇研究新问题的文章，也是一篇标兵文章，在更多的理论工作者还没有下大决心，做最大努力转到这条轨道上的时候，我们必须大力提倡这种理论研究风气。"这篇文章还得到国外的关注，被美国《大西洋经济评论》杂志（1979年12月号）全文转载。

2. 接待布鲁斯和交流东欧改革派的经济理论

布鲁斯（W. Brus）系波兰人，曾任华沙大学经济学教授和波兰经济改革顾问委员会副主席，时任英国牛津大学沃尔夫森学院和圣安东尼学院的客座教授。他应中国社会科学院经济研究所的邀请来华讲学。布鲁斯于1979年底到达北京，经济研究所指派我全程陪同。1980年1月3—5日，布鲁斯在经济研究所向所内外的同行发表了三次演讲，介绍了他的经济改革理论、东欧经济改革的经验及其对中国的意义。在他演讲以前，我于1979年12月30日就经济改革问题用书面的形式向他提出了十个问题。

（1）社会主义经济模式大体上有多少种？这些模式各有什么利弊？你认为从中国的实际情况来看，哪一种模式更值得我们作为经济改革的借鉴？

（2）社会主义计划经济中如何利用市场机制？社会主义经济中的市场机制和资本主义经济中的市场机制有什么区别？对西方经济学界有关“市场社会主义”“混合经济”和两种社会经济制度“聚合趋同”等说法如何评价？

（3）企业的自主权扩大到什么程度合适？如在计划、资金、物资、劳动、价格等方面，应给企业多大权限，才能使企业独立自主地处理问题，又不至于造成全社会的盲目性？从东欧的经验看，有没有一个大体上的理论界限和数量界限？

（4）经济改革的步骤有没有一定的规律性？采取什么步骤比较顺当？特别是改革应当怎样起步？我们这里有以下几种看法：一是从扩大企业自主权开始；二是从组织公司及扩大公司的权限开始；三是从调整税制和物价开始；四是从改革计划体制开始，即从减少指令性指标入手。根据东欧的经验，从哪里着手比较合适？

（5）成立公司以后，公司与企业之间、公司与公司之间、公司与国家之间的经济关系应如何调节比较好？特别是政府应如何领导和指导公司的经济活动？成立公司后工业城市的经济应如何组织和管理？

（6）对经济管理中的“经济方法”和“行政方法”应如何看？其实质是什么？彼此的关系如何？

（7）社会主义公有制是否应该采取国家所有制的形式？苏联和南斯拉夫有完全不同的评价体系，你认为哪种评价体系比较符合马克思主义的基本原理和社会主义建设的实际情况？

（8）对苏联1965年以来的经济改革和1979年的改革新决议应如何评价？

（9）南斯拉夫、匈牙利各国经济都比较重视市场机制，但都存在消费过度、通货膨胀、外贸逆差、外债增多、赤字预算等通病，应如何解释这些问题？如何克服这些毛病？

（10）为什么苏联、东欧各国都存在基建战线过长的问题，即使经过改革也没有解决这些问题？

根据布鲁斯讲学的内容，并参考他的有关论著，我整理了两份文字材料。一份是《布鲁斯教授谈经济管理体制的改革》[①]，内容比较简要，由中国社会科学院往上送决策者参考；另一份是《布鲁斯关于社会主义经济模式的理论》[②]，

---

① 赵人伟. 布鲁斯教授谈经济管理体制的改革[J]. 中国社会科学院简报，1980（2）.

② 赵人伟. 布鲁斯关于社会主义经济模式的理论[M]//外国经济学说研究会. 国外经济学讲座：第三册. 北京：中国社会科学出版社，1981：316–335.

内容比较多，供学术界研究参考。

3. 经孙冶方推荐，到牛津大学师从布鲁斯教授进修

事情的经过是这样的，1980年初，当我陪同布鲁斯到医院去探望孙冶方时，他们两位谈得很投机，在价格改革、扩大企业自主权等问题上观点很接近。孙冶方当场拍板："我推荐赵人伟到牛津大学去跟你学习。"从那时开始，经过多方的准备，包括办理各种手续，我终于在1982年初成为牛津大学圣安东尼学院的访问学者，在那里进修了两年。

1982年拍摄于牛津大学（与日本经济学家石川滋等）

在牛津大学，我的进修包括三个方面：一是了解当代西方经济学的一般理论，特别是考察市场机制在何种程度上可以在中国的经济改革中发挥作用；二是学习东欧改革的经验，主要是学习东欧改革派经济学家的著作，诸如科尔奈的《短缺经济学》，布鲁斯的《社会主义经济的运行问题》《社会主义的政治与经济》等；三是了解20世纪20年代至30年代西方经济学界关于社会主义经济计算问题的讨论情况，特别是奥斯卡·兰格和冯·米赛斯、哈耶克之间的论战情况。在牛津大学进修期间，除了阅读和听课以外，大量的讨论与横向交流，特别是跨学科交流给我留下了很深刻的印象。无论是学院里的高桌（high table）晚餐，还是学者家里的晚宴（dinner party），都充满横向学术交流的气氛。

在牛津进修的后期，我还试图用学来的理论和方法探索我国计划经济时期的收入分配问题，特别是工资的长期基本冻结对不同代人的不同影响。在此基础上写了论文，试图用理论实证的方法研究中国的收入分配问题。（详后）

4. 参加经济体制改革目标模式和转轨方式的研究

1986年至1987年，我应邀参加了由刘国光主编的《中国经济体制改革的模式研究》一书的写作，编写了其中两章的内容：一章是“中国经济体制改革目标模式的总体设想”，另一章是“我国经济体制改革过程中的双重体制问题”。这两章都涉及经济体制转轨中的重要问题，即改革的目标问题和转轨方式中的双轨过渡问题。这两章的内容后文将详细说明，在这里只讲这两个问题的研究背景。从我个人角度来说，自1979年以来，我一直在关注这两个问题。从1979年到1986年，我都在为这两章的写作做理论上的准备，包括从比较经济学中探索社会主义经济体制不同模式的光谱，在牛津大学进修期间对改革目标和转轨方式进行探索等。从社会角度来说，对这两个问题的研究体现了全国改革形势的进展。最重要的进展是1984年10月十二届三中全会所作的《中共中央关于中国经济体制改革的决定》。该决定明确提出“有计划的商品经济”的改革目标。因为商品经济实际上就是市场经济，因此，这一决定给市场取向的改革提供了极为有利的探索空间。正因为有了1984年的决定，中外学者才能够在1985年的“巴山轮会议”上围绕“有宏观调控的市场协调”模式进行讨论。而且，在改革开放之初，人们对于双轨制多持保留态度。像布鲁斯这样的学者都认为，改革应该采取

"一揽子"的方式，以避免双重体制造成的"交通规则混乱"。不过，根据中国5年来改革的实践，从价格改革的实际情况来看，既然不能一步到位，就只能采取"调放结合"的办法，因此，双轨过渡已经成为不可避免的改革方式。于是，到了"巴山轮会议"时，中外学者几乎一致认为，根据中国的实际情况，双轨过渡是不可避免的，只是时间不能太长。可见，到了1986年，研究这两个问题的外部条件也已经具备了。

5. 参加一系列同改革开放有关的学术活动

（1）出国做学术访问。

这一阶段出国做学术访问的主要活动有：1981年随同许涤新访问英国；1985年陪同王继业访问苏联；1987年陪同董辅礽访问日本；1989年随同胡绳院长访问苏联；1990年同课题组的年轻人一起访问芬兰和瑞典。

1982年拍摄于牛津大学

1981年访问英国以后，我写了一份题为《牛津大学经济学教学与研究的一些情况》的考察报告，发表在1981年第9

期《经济学动态》上。1985年访问苏联以后，我写了一份题为《苏联的经济体制和科研管理》的考察报告，发表在1986年第4期《经济学动态》上。1989年随胡绳院长访问苏联时，我代表经济研究所同苏联科学院经济研究所签订了两所之间的交流协议。

两次访问苏联，对传统计划经济运转中的弊病，特别是消费品供应中的短缺现象有了感性的认识，增强了对我国进行市场取向改革的信念。同时，苏联居民排队时的秩序和观剧时的文明举止也给我留下了深刻的印象。

（2）参加各种有关经济改革和经济发展问题的国际研讨会。

1984年11月在巴黎参加由联合国教科文组织举办的关于内生（内源）发展问题的国际研讨会。

1985年9月参加在长江上举行的“宏观经济管理国际研讨会”，即人们通常所说的“巴山轮会议”。

1986年9月在纽约参加由美国《比较经济学》杂志主办的中国经济改革研讨会。

1988年8月参加在旧金山伯克利召开的两岸学者学术研讨会。

1989年4月参加在北京召开的第三世界国家发展战略国际研讨会。

1989年6月参加在德国杜伊斯堡召开的中国经济改革研讨会。

（3）参加其他学术活动。

1978年秋随同孙冶方到兰州进行西北地区社会科学规划。

1980年陪同世界银行第一个考察团进行中国经济问题的

综合调查。

1985年参与筹建中国比较经济学研究会。

1986年初参加由董辅礽主持的温州发展乡镇企业和市场经济的调查。

可见，这一阶段主要是探索经济改革或经济体制的转型问题。

不过，经济体制的转型实际上同经济发展的转型是联系在一起的。这一阶段的研究也涉及经济发展的问题。如上所述，1984年11月我参加了联合国教科文组织举办的关于内生（内源）发展的国际研讨会。我把这一研讨会的成果写成了文章并作了评介[①]。我在文章中特别介绍了以人为中心的发展理念，即发展是为了人，发展的途径要依靠人，发展的结果要促使人的全面发展。文章受到时任国务委员兼国家计委主任宋平同志的赞赏，他批示要求国家计委的领导都学习这篇文章中的理念。

这一阶段虽然主要研究体制转型问题，但收入分配问题的研究也在这一阶段的后期开始进行。例如，我在牛津大学进修后期写的有关收入分配的文章（详后）发表在1985年第3期的《经济研究》上，这是收入分配问题的研究从拨乱反正到理论实证的转变。这篇文章虽然获得1986年的孙冶方经济科学论文奖，但运用的方法仍有局限性，主要是参照了科尔奈在《短缺经济学》里使用的理论实证的方法，而不是有数据支撑的经验实证的方法。1986年在纽约召开的国际研讨

① 赵人伟. 关于发展战略的指导思想问题：参加联合国教科文组织有关会议的一些印象和感想[J]. 经济学动态，1985（2）.

会期间，许多经济学家指出，严格意义上的实证应该是有事实、有数据的实证，即经验实证。因此，当1987年启动国际合作的收入分配项目时，一开始就是要收集大量数据，逐步走上经验实证的道路。在国内，我们请国家统计局指导和帮助我们收集数据；在国外，我邀请了基斯·格里芬（Keith Grith）和卡尔·李思勤（Karl Riskin）进行指导和帮助，并通过他们邀请了处理数据的专家和分析数据的专家。回想起来，这个从收集1988年的相关数据开始的研究项目是在1987年启动的。

第四阶段：改革开放以来第二个十年的重点深入阶段。

这一阶段大体上涵盖了20世纪的最后10年。上一阶段末和这一阶段初，能够用于研究的时间不多。不过，我尽量挤时间从事课题的研究。上一阶段的后期已经启动了“我国居民收入分配研究”的课题，这一课题不仅需要收集城乡居民大量的微观数据，而且要运用国际上比较通行的经济理论和分析方法，所以，这一阶段我把主要的精力投入到了收入分配课题的研究上，组织和邀请国内的中青年学者和国外从事经济实证研究的专家。1988年调查的样本包括了28个省市的农村地区和10个省市的城镇地区，农村地区1万户，城镇地区0.9万户。

大量的数据需要进行量化的处理。尽管当时能用于研究的时间不多，计算机设备也不够先进，但课题组的青年研究人员，包括李实、张平、张鸣等，经常利用晚上的时间进行数据处理。到了1990年初，我们收集的数据已经处理成型。借世界银行邀请我参加1990年春季年会的机会，我将数据带到美国。世界银行的会议结束以后，我从华盛顿赶到纽约，将数据亲手交给李思勤。从这时开始，中外学者就开始了有数据支撑的经验实证的研究。

经过了一年半的分析研究，中外学者都准备了论文，终于于1991年12月在西安召开了中国居民收入分配的国际研讨会，并在此基础上形成了本课题的第一本著作。这本著作的中文版叫《中国居民收入分配研究》，由中国社会科学出版社于1994年出版；英文版叫*The Distribution of Income in China*，由麦克米伦出版社于1993年出版。本课题的第一轮成果在国内外均产生了比较好的影响。

这个项目是由国家社会科学基金和美国福特基金会共同资助的，因此福特基金会于1992 年邀请澳大利亚国立大学经济学教授罗斯·格诺特（Ross Garnaut）对福特基金会资助的经济项目进行评估。这位教授曾在20世纪80年代担任过澳大利亚驻华大使，对中国的情况比较了解。他在《福特基金会经济项目评估》的报告中对“中国居民收入分配研究”项目作了非常积极的评价。他写道，“设在中国社会科学院的大型项目起的作用很大，中方人员通过与地方政府合作搞调查可以很容易获得新的数据。在中国社会科学院经济研究所进行的收入分配项目就是一个这种有效的大型项目”，“福特基金研究项目中一些最好的研究是在经济研究所进行的有关收入分配的研究，这方面的工作可以进一步扩展”。

在国际上，课题组所提供的数据甚至有一个专有名词——CHIPS（China Household Income Project Survey）。

在国内，这本书获得了1996年中国社会科学院（专著类）优秀科研成果奖；本书的序言获得1994年第六届孙冶方经济科学论文奖。

在上述第一轮调查研究的基础上，我和课题组的其他成员都有做进一步调查研究的意向。因为有了纵向的（longitudinal）数据，就便于作动态的分析。当然，这需要做各方面的准备。在两轮调查之间的准备期间，我获得了出访的机会。1992年7月至1993年3月，我担任美国哥伦比亚大学和加州大学河滨分校的访问学者。在这段时间，我不断同国外同行进行交流，进一步总结和消化第一轮调查研究的成果，并探讨做第二轮调查研究的问题。在美国期间，我除了在哥伦比亚大学和加州大学作研究以外，还到世界银行、华盛顿大学、多伦多大学讲收入分配问题；返回中国途中，还在夏威夷东西方中心和香港大学讲收入分配问题。通过广泛的交流，进一步为下一轮调查做准备。

我于1993年春回到国内后，就同李实商议如何从各方面准备第二轮调查。尽管在筹划资金和获取数据方面遇到很多困难，但终于在1995年启动了第二轮调查。在1995年数据的基础上，研究工作比第一轮调查进展得更快。中外学者在1997年上半年已经准备好了论文，1997年夏，在北京的香山饭店召开了中国居民收入分配问题的第二次国际研讨会。在这次研讨会的基础上，出版了本课题的第二本著作。第二本著作的中文版叫《中国居民收入分配再研究：经济改革和发展中的收入分配》，由中国财政经济出版社于1999年出版；英文版叫*China's Retreat from Equality：Income Distribution and Economic Transition*，由 M.E. Sharpe公司于2001年出版。

在这一阶段，除了集中精力从事上述两轮调查并出版两本著作以外，在收入分配领域还发表了一些文章，有代表性的文章列举如下。

《当前收入分配中两种现象的反差》（*Two Contrasting Phenomena in China's Income Distribution*），于1990年发表在英国《剑桥经济学杂志》（*Cambridge Journal of Economics*）上。

《劳动者个人收入分配的若干变化趋势》（*The Trend of Changes in the Distribution of Worker's Income*），原载《经济研究》1985年第3期，后于1991年被英国的《国际社会经济学》（*International Journal of Social Economics*）所译载。

《我国转型期中收入分配的一些特殊现象》，原载《经济研究》1992年第1期，后被收入本课题第一本著作的中文版和英文版。

《中国居民收入差距的扩大及其原因》，原载《经济研究》1997年第9期，后被收入本课题第二本著作的中文版和英文版。

在第二轮调查研究的过程中，我还应邀于1996年到德国杜伊斯堡大学做访问学者，于1997年到英国牛津大学万灵学院做访问学者。在杜伊斯堡大学，我为对中国有兴趣的学生开了一门中国收入分配问题的选修课，并应何梦笔教授的邀请，写了一篇题为《中国经济学界的演化》的文章。在牛津大学万灵学院，我除了同英国学者交流以外，主要是撰写上述《中国居民收入差距的扩大及其原因》的论文，为第二轮的国际研讨会作准备。

可见，这一阶段主要是研究收入分配问题。不过，这一

1997年6月拍摄于牛津大学万灵学院（All Souls College）

阶段我仍然没有放弃关注经济转型的问题，特别是在这一阶段的后期，恰逢改革开放20周年和中华人民共和国成立50周年，我就经济转型问题写了若干篇相关的文章，列举如下。

《对我国经济改革二十年的若干思考——特点、经验教训和面临的挑战》。此文是应澳大利亚国立大学罗斯·格诺特教授的邀请，为在堪培拉举行的中国改革开放20周年的国际研讨会而准备的，中文版发表在《经济社会体制比较》1999年第3期；《新华文摘》1999年第9期摘要转载。英文版收入罗斯·格诺特教授所编的*Review of Economic Reform in China: Features, Experiences and Challenges*一书。

《从五十年来的历史看中国经济的发展转型和体制转型》，此文是提供给香港浸会大学1999年6月举办的国际研讨会的论文，被收入《紫竹探真：收入分配及其他》一书，

2007年由上海远东出版社出版。

《中国经济改革的回顾与展望》，被收入1996年出版的《香港经济导报创刊五十周年纪念特刊》。

第五阶段：改革开放以来第三个十年的适度拓展和综合的阶段。

这一阶段大体上涵盖了21世纪最初10年左右的时间。在世纪之交的时候，我退居二线。收入分配的课题转由李实主持。这一课题于2002年进行的第三轮调查及以后的调查均由李实主持，所出版的著作也由李实担任主编。在这一阶段我的工作包括两个方面：一个方面是在以往收入分配研究的基础上把研究适当拓展到财产分布和社会保障领域；另一方面是对改革开放30年来有关经济体制转型和经济发展转型方面的研究做一个回顾和综合。

财产分布问题同收入分配问题是密切相关的。促使我在这一阶段在研究收入分配问题的基础上进一步研究财产分布问题的有两件事情。第一件事情是世界银行的考察报告。如上所述，1980年我陪同世界银行代表团进行考察。该团在考察的基础上写了一份报告。其中提到，中国居民从很低的工资中省下一点钱存在银行，再从极少量的存款里面取得极少量的利息，这可以说是财产性收入；除此之外，中国居民就没有什么财产性收入可言了。所以，当年中国居民的财产性收入少到可以忽略不计。但是，经过改革开放，中国居民的财产及其收入显著增加，就不能不对此领域进行研究了。第二件事情是受夏威夷大学教授的启发。如上所述，1993年春，我在夏威夷讲了一次中国的收入分配问题。在座的一位夏威夷大学教授提醒我，在研究收入分配问题时，必须联系财产分布，才能研究得更全面和深入。于是，在21世纪初，我就利用课题的2002年的数据，适当联系1988年和1995年的数据，对中国居民的财产分布问题进行研究，写了一篇题为《中国居民财产分布研究》的文章。此文的中文本除了在报刊上发表以外，还被收入李实等主编的《中国居民收入分配研究Ⅲ》一书，由北京师范大学出版社于2008年出版。此文的英文版为*The Distribution of Wealth in China*，with Ding Sai，in *Inequality and Public Policy in China*。

至于社会保障问题，可以说是收入分配问题在再分配领域的延伸。社会保障体制的改革，又可以称为福利制度的转型，而我国福利制度的转型是以整个经济转型为大背景的。可见，研究社会保障体制的改革，也是研究经济转型在社会保障体制转型中的表现。于是，在这一阶段，我选择了一个规模较小的课题，即“中国的经济转型和社会保障改革”进行研究。在赖德胜和魏众的协助下，这一课题于2006年完成，出版了一本中文版的著作，叫《中国的经济转型和社会保障改革》，由北京师范大学出版社于2006年出版。

这一阶段的后期，恰逢改革开放30周年。因此，我还撰写了一些从不同角度回顾和总结30年来经济改革的文章，列举如下。

《从收入和财富分配看中国渐进式经济改革》，载于新加坡南洋理工大学的《中国企业研究国际研讨会2007论文汇编》，第13页至第24页，由八方文化创作室于2008年9月出版。

《中国渐进式经济改革的成效与挑战》，载于《中国社会科学院经济学部学部委员与荣誉学部委员文集——纪念改革开放30周年》一书，由经济管理出版社于2009年出版。

《经济学人的探索和转型》，载于《经济研究》2011年第6期。

《1985年“巴山轮会议”的回顾与思考》，载于《经济研究》2008年第12期。

这一阶段的后期，我应邀担任了北京凯恩克劳斯经济研究基金会理事长。基金会资助了一个题为“中国经济中长期发展和转型：国际视角的思考与建议”的重大项目[①]。这个项目由世界银行驻中国首任首席代表林重庚主持，我应邀参加了这一项目的全面咨询工作，并在此基础上写了一篇解读文章《中长期发展规划借鉴国际经验的问题》，发表在《经济学动态》2011年第8期上。我能参加这个项目的咨询和评论，与我长期从事经济发展转型和经济体制转型的研究有密切的关联。通过这项工作，我进一步开阔了国际视野，努力从世界经济增长和发展历史的角度来看中国30多年来经济的增长和发展，又从中国在世界经济中扮演的角色的角度来看中国经济的发展。可见，这是在研究工作上的一种拓展。

2012年，中国社会科学院要编一套学部委员专题文集。我把改革开放以来的部分研究成果选编成一本题为《经济转型和民生》的文集，交由中国社会科学出版社出版。

可见，这一阶段的工作，是从比较宽的范围和比较综合

① 林重庚，迈克尔·斯宾塞. 中国经济中长期发展和转型：国际视角的思考与建议[M]. 北京：中信出版社，2011.

的角度对改革开放30年来的研究成果进行了回顾和总结。

自从1957年9月被分配到经济研究所直到1999年底退休，我一直在经济研究所工作。1957年至1961年任实习研究员，1962年至1979年任助理研究员，1979年至1985年任副研究员，1985年起任研究员，1990年起任博士生导师。1992年起享受国务院颁发的政府特殊津贴。2006年8月被授予中国社会科学院荣誉学部委员的称号。

1985年7月至1988年10月任经济研究所副所长；1988年10月至1991年3月任经济研究所所长，《经济研究》杂志主编，经济研究所学术委员会主任。

曾任中国比较经济学研究会副会长，北京凯恩克劳斯经济研究基金会理事长。

1982年1月至1984年2月任英国牛津大学圣安东尼学院访问学者，1992年8月至12月任美国哥伦比亚大学访问学者，1993年1月至3月任美国加州大学河滨分校访问学者，1996年4月至8月任德国杜伊斯堡大学访问学者，1997年5月至7月任英国牛津大学万灵学院访问学者。

第二章

学术探索之旅——主要研究领域和学术成果

我把改革开放以来自己的主要研究领域分为以下四个方面：收入分配和财产分布问题，计划和市场问题，经济体制转型和经济发展转型问题，社会保障和福利体系问题。这些问题彼此之间是密切相关的。从改革开放的角度看，经济体制转型是最为突出的问题，所谓计划和市场的关系问题，实际上是经济体制转型中的一个突出问题；由于中国是一个发展中的国家，经济体制转型又必然同经济发展转型密切相关。收入分配和财产分布是一个同国计民生有重大关系的问题，而且必然以经济体制转型和经济发展转型为背景；而就收入分配同经济体制转型的关系来说，经济体制转型中的双重体制，主要是价格双轨制，又必然辐射到收入分配领域，出现收入分配中的双轨制。至于社会保障，则是收入分配在再分配领域的具体体现。因此，无论讲述哪个问题，实际上都必须前后呼应。不过，为了叙述的方便，只能有先有后，逐一地论述；当然，在逐一论述中，也会适当地作前后呼应。

一　收入分配和财产分布问题的探索

收入分配领域是我的研究工作持续时间最长、耗费精力最多的领域。对于这一领域的研究从20世纪80年代中期开始，一直持续了大约20年的时间。由我主持的收入分配课题组1988年和1995年对城乡居民的收入进行了两次全国性的调查；进入21世纪以后，我退居二线，课题组转由李实主持，在他的主持下，分别于2002年、2007年和2013年又作了三次全国性的调查。在这些调查的基础上所进行的研究及其成果，在国内外产生了广泛的影响。

我在收入分配领域以及在进一步引申的财产分布领域所做的研究及其成果，可以归纳为以下几个方面。

（一）研究方法的转变

1. 从拨乱反正转向理论实证

改革开放以前，正如商品生产和价值规律问题一样，收入分配问题也受到两次极“左”思潮的严重干扰。一次是在1958年的“大跃进”高潮中（以张春桥的文章《破除资产阶级法权》为代表）；另一次是“文化大革命”的后期。因此，在粉碎“四人帮”以后、改革开放初期，中国经济学界曾经对按劳分配问题进行了热烈的讨论。当时讨论的主要议题是要不要按劳分配、按劳分配是资产阶级法权还是无产阶级法权、按劳分配是不是产生资产阶级分子的基础，等等。我当时的主要精力放在经济体制转型问题的研究上，没有直接参与这方面的讨论，不过仍然十分关注这一讨论。当时发起和组织这场讨论的主要是于光远同志。可以说，这场讨论在拨乱反正方面起了很大的作用。这场讨论令我联想起1955年于光远等所写的有关收入分配问题的文章。他的这篇文章对收入分配问题的研究有一定程度的实证分析和定量分析。他作为有很好自然科学基础（毕业于清华大学物理系）的经济学家，做这样的分析是很自然的事情。然而，此后的20多年中，我国有关收入分配问题的讨论长期陷入意识形态的论战，加上1959年以后由于经济困难造成的国家统计局长期不公布经济数据的问题，使得收入分配问题的研究无法走上实证分析和定量分析的道路。当然，到了20世纪70年代后期，我们已经不能要求于光远这一代人再做这样的研究。但是，下一代人应该在拨乱反正的基础上继续前进。而就我们这一代人来说，当时尽管还算中年，但由于教育背景的局限和长期受政治运动的干扰，做这样的研究可以说也仅仅起一种过渡的作用，或者一种承上启下的作用，真正需要依靠的是年轻的一代。

一开始，我只有一些懵懂的想法。不过，在牛津大学进修期间，我从科尔奈的《短缺经济学》中得到启发，他以短缺为切入口，对传统社会主义经济运行中的许多问题作了深入的解剖，包括扩展冲动、数量驱动、投资饥渴、预算软约束等。科尔奈在《短缺经济学》的引言中对他的研究方法作了这样的叙述，他的这本书“只详细阐述描述性即解释性理论，而不提供规范性理论”，意思是他做的是实证分析而不是规范分析。他又说，他仅仅提出“经验上能够检验的假设”，“而不是经验证实了的理论”，意思是他的实证分析能够得到经验支持，但还不是经验实证本身。因此，我将科尔奈在《短缺经济学》中所使用的方法概括成“能够得到经验支持的理论实证，但还不是经验实证本身”。我曾经就此请教牛津大学经济系主任约翰·奈特（John Knight）教授，他认同我的概括，认为把上述方法概称为“理论实证”是合适的。

既然科尔奈可以用这种方法来分析传统社会主义经济中的问题，我想我们也可以用这种方法来分析中国在计划经济时代所出现的问题。我选择分析的问题是“中国在1956年至

1976年这20年间工资基本冻结对不同代人的不同效应”。这是收入分配中的一个实际问题。在牛津大学进修的后期，我写了《劳动者个人收入分配的若干变化趋势》一文。这篇文章讲述了四个问题，包括按劳分配的绝对性和相对性问题，劳动者之间收入差距的变化趋势问题，劳动者在各年龄段收入的变化趋势问题，以及消费品分配中市场方法的变化趋势问题。我把上述工资冻结对不同代人的不同效应放在文章的第三部分来进行分析。一般来说，劳动者一生中劳动贡献的曲线应该呈抛物线状态，即在工作起点时贡献较小，但青年期快速增长，壮年期达到高峰，近老年期趋于平缓。劳动者一生中比较理想的劳动报酬曲线应该是基本上同劳动贡献曲线相适应的一条抛物线。工资的长期冻结必然使劳动报酬背离这条曲线。我国计划经济时期的实际情况是：1956年工资有大幅度的调整，但此后的20年间，除了1963年对40%的职工调整了工资以外，工资基本上是冻结的。我以此为背景，设计了一个简化的图形：三代人分别在20岁、35岁和50岁遇到工资冻结15年。由于劳动报酬曲线在各阶段的斜率是不一样的，青年期斜率最大，中年期斜率次之，近老年期斜率最小。斜率越大，工资冻结造成的损失越大。从图形中可以明显地看出，工资冻结对三代人所造成的损失是不一样的：青年人损失最大，中年人次之，老年人最小。而且，这仅仅是就绝对损失而言的。由于青年人工资基数比较小，同工资基数相比的相对损失要更大。这篇文章说明了这样一个问题，即在工资冻结面前并不是人人平等的。可见，这篇文章所揭示的政策含义是很清楚的：不管是什么原因（可以是“大跃进”，也可以是别的原因）造成了经济困难，决策者在考虑对策时必须考虑这种对策对不同人群的不同效应，以利于社会的和谐和经济的发展。

我于1984年春将这篇文章带回国以后，没有要求及时发表。因为，我有这样一个理念，即基础理论的研究不要追求短期的时效。经过征求意见和修改大约一年以后才在《经济研究》1985年第3期上发表。这篇文章得到同行的认可，于次年获得孙冶方经济科学奖。应该说，这篇文章所要说明的问题，同电影《人到中年》中所要说明的问题有类似之处。该影片中陆文婷大夫的处境，同我所分析的经过工资的长期冻结所造成的中年一代人的处境可以说非常吻合。不过，同文学艺术相比，经济学是一门枯燥的学问，不可能像文学艺术那样具有感染力并产生社会影响；经济学的研究成果如果能对经济决策产生影响也就算是有用武之地了。

2. 从理论实证发展到经验实证

如前所述，我于1986年9月参加了在纽约举行的中国经济改革国际研讨会。这次会议的参加者，除了来自中国的学者以外，还有美国的学者和在美国工作的外籍学者。在与会学者中，最引人注目的两位学者是费景汉和科尔奈。费景汉时任耶鲁大学教授，科尔奈时任哈佛大学教授。

会议一结束，与会者纷纷离场。不过，一些华人学者仍然留下来聚餐和聊天。当时最活跃的是费景汉教授。他认为，中国的学者对科尔奈的评价太高，说马克思对资本主义经济的弊病作了分析解剖，科尔奈对社会主义计划经济的弊病作了分析解剖。他以一口京腔普通话说道：“科尔奈怎么能同马克思相提并论呢，跟我费景汉比一比还差不多。”餐后，他还对我说，科尔奈在《短缺经济学》中的实证分析是没有数据支撑的，而真正意义上的实证分析必须有数据支撑。换言之，严格意义上的实证只能是有数据支撑的实证，即经验实证。他的看法给了我很大的启发：理论实证必须发展到经验实证。其实，科尔奈本人也并不是不知道经验实证的重要性，仅仅是因为获得数据困难才局限于理论实证。他在《短缺经济学》的引言中写道：“我十分羡慕我的那些同事，他们能够用大量数据支持其论断。”科尔奈在他后期的许多著作中也作了若干经验实证的分析。

有了1986年纽约会议的启发，我们在1987年启动收入分配项目研究时，一开始就注意收集数据。为了收集1988年住户收入情况的数据，先要设计城市和乡村的住户收入调查表。调查表的设计，既要符合国际的规范，又要切合中国的实际。为了符合国际规范，时任密西根大学中国研究中心主任的奥森伯格教授专门派了一位统计学专家到北京来帮助我们设计住户收入调查表（问卷）。按照国际规范，收集微观数据不仅要落实到户，还要落实到人。要切合中国实际，则不仅要收集货币收入，而且要特别重视收集实物收入和补贴收入。因为中国既有计划经济的传统，也有供给制的传统，更有实物配给（定量供应）的传统。为了切合中国的实际，问卷中包含了大量的实物收入和补贴收入的指标。有了这些指标，就能比较真实和全面地反映中国居民的收入状况。

从1988年开始，我们课题组所作的研究，都是以大量的微观数据为基础的。以1988年为例，由于有了大量的微观数

1987年10月拍摄于美国密西根大学

据作基础，对照世界银行和国家统计局根据分组数据所公布的结果，我们的研究报告对当时的收入分配格局作出了如下判断。

改革开放以来，我国居民收入分配的不均等程度有不断扩大的趋势。根据我们的数据，1988年全国居民收入的基尼系数为0.382，世界银行公布的1980年的基尼系数为0.330。

在1978年至1988年的10年中，1978年至1984年城乡居民收入差距逐渐缩小，1984年以后则逐渐扩大。

我国城市居民收入分配的不均等程度也显示出不断扩大的趋势。世界银行估计的1980年我国城市居民收入的基尼系数为0.160，而根据我们样本的估算，我国1988年城市居民收入的基尼系数为0.233。

由于有了实物收入和补贴收入的微观数据，就能够计算出货币收入以外的实际收入情况。就以补贴收入来说，补贴的初衷是对低收入者的一种补偿，但是，执行的结果却是除了粮油等以外的其他补贴，特别是住房补贴等产生了扩大收入差距的效果。据此，我们在研究报告中提出了重新评价补贴功能的政策建议。

（二）对收入分配状况的变化及其原因的分析

我对改革开放以来收入分配状况的总体判断是：从平均主义盛行到收入差距过大。以下分几个方面对收入分配状况的变化及其原因进行分析。

1. 改革开放的起点——改革开放以前收入分配的特点

这里所说的改革开放以前，是指1956年计划经济体制确立至1978年提出改革开放这20多年。总的来说，改革开放以前的中国是一个均等化程度很高（或不平等程度很低）的社会，但同时也存在着一些不平等的因素。为什么说中国在改革开放以前是一个均等化程度很高的社会呢？根据国内外许多研究文献显示，中国在改革开放前夕或改革开放之初，收入分配的基尼系数比世界上大多数发展中国家都要低。城市的基尼系数在0.20以下，农村的基尼系数略高，但多数估计都在0.21～0.24。而许多发展中国家，城市的基尼系数则在0.37～0.43，农村的基尼系数则在0.34～0.40。

我认为，改革开放以前中国收入均等化程度较高至少有三个原因。第一，制度上的原因。社会主义制度是以生产资料公有制为特征的，因此，从1949年逐步实行生产资料公有制以后，居民除了少量储蓄存款的利息收入以外，几乎没有财产收入。第二，政策上的原因。决策者认为，社会主义所追求的目标是社会公平，加上建设初期应该多积累、少消费，即使是劳动收入也应该是低而平均的。第三，受中国文化传统中“不患寡而患不均”的平均主义观念的束缚。这种观念离开效率来谈公平，不求做大“蛋糕”来讲分配，往往划不清共同富裕和普遍贫困之间的界限。

不过，如果我们进一步考察则可以发现，即使在那样一种均等化程度很高的状态下，仍然存在着和隐藏着一些不平等的因素。

第一，城乡居民之间的收入差距比较大。据世界银行的计算，中国城乡居民人均收入的比率是2.5（1979），比亚洲其他低收入国家（平均约为1.5）要高，稍大于中等收入的国家（平均约为2.2）。

改革开放以前中国城乡居民收入差距较大的一般原因同其他发展中国家一样都存在着二元经济结构，即现代工业部门同传统农业部门并存；差距较大的特殊原因是中国当时实行了特殊的政策，尤其是农产品低价收购的政策，并把它作为积累工业化所需资金的手段之一，同时采取了严格限制农村居民迁入城市的户籍制度，进一步强化了城乡两个经济系统的分割。[①]可见，在当时收入分配高度均等化的情况下，特别是在城镇内部的均等化程度还高于农村内部的情况下，城乡之间收入的较大差别，对农村居民来说仍然属于不均等的因素。

第二，在消费品的分配方式上，强调实物分配方式（即供给制），而抑制市场分配方式（即通过货币购买）。在强调实物分配的情况下，居民的货币收入的差距要小于实际收入的差距。实物分配实际上是一种隐性的福利补贴制度，这种补贴制度的初衷是要对低收入阶层做一种补偿，起到缩小收入差距的作用。但实行的结果则不尽然。首先，占我

① 赵人伟. 我国转型期中收入分配的一些特殊现象[J]. 经济研究，1992（1）.

国人口总数约80%的农村居民并不享有城镇居民所获得的补贴。其次，即使对城市居民来说，也只有按人口定量供应的那部分消费品（如粮、棉、油），其补贴是按平均主义的原则分配的，但按职位供应的那部分消费品（如住房、汽车、电话等），其补贴的分配是高度不平等的。应该说，这样一种补贴制度或福利制度，也是均等主义掩盖下的一种不均等因素。

第三，工资的长期冻结，造成对青年一代不利的收入分配格局。如前所述，在1956年至1976年期间，工资基本上是冻结的。当然，这一期间基本生活消费品的价格基本上也是冻结的。从表面上来看，在这种工资和物价“双冻结”的情况面前人人都是平等的，因为大家都同样地失去了增长工资的机会，但实际上长期的工资冻结对不同代人的收入分配效应是不一样的，它造成代际的不平等，形成了对青年一代人不利的收入分配格局。这种情况所造成的后果在20世纪80年代初期甚至成为一个突出的社会问题。应该说，在非战争年代，持续如此之久的工资基本冻结是相当特殊的。这也属于均等主义掩盖下的一种不均等因素。

不过，话又说回来，尽管改革开放以前的中国在收入分配中存在着上述一些不平等的因素，但总的来说，当时的中国还是一个平均主义盛行的社会。正如李思勤教授所说的，中国改革开放以前在收入分配上是高度平均主义的经济。[①]这种平等中存在着不平等，不平等中又存在着平等的状况，体现了中国社会经济状况的复杂性。对这种复杂性进行分析，是为了对改革开放的起点和背景有一个较为深入的了解。

① Carl Riskin. *China's Political Economy*[M]. Oxford：Oxford University Press，1987.

2. 改革开放以来收入分配状况变化的一些方面

1997年，我根据课题组1988年和1995年的两次调查数据，并对照国家统计局和世界银行的有关数据，对改革开放以来收入分配状况变化的一些重要方面做了分析，包括居民收入差距总体的变化，城乡居民收入差距的变化，区域间居民收入的变化，财产性收入的变化，高收入阶层和“寻租”活动等。到了21世纪初，李实等主持的本课题第三轮调查数据（2002）也已经收集完毕，可供进一步的分析。下面我仅就收入分配变化中比较突出的几个问题进行分析。

第一，关于全国的收入差距问题。

到了21世纪初，对于全国的基尼系数有各种估计，概括起来可以分为以下三种：低估计为0.4左右；中估计为0.45左右；高估计为0.5左右。如果不考虑计算方法上的差异，这三种不同估计的差别是：第一种估计主要考虑货币收入，较少考虑实物收入，特别是补贴收入；第二种估计较多考虑了实物收入；第三种估计则不仅考虑了货币收入和实物收入，而且考虑了非法收入和非正常收入。

根据我们课题组的调查，2002年收入最高的5%人群组占全国总收入的近20%；收入最高的10%人群组占全国总收入的近32%。收入最低的5%人群组占总收入的份额不足1%；收入最低的10%人群组占1.7%。收入最高的5%人群组的平均收入是收入最低的5%人群组的33倍，收入最高的10%人群组的平均收入是收入最低的10%人群组的19倍。

针对收入差距的日益扩大，人们提出了各种各样的看法。其中有两种看法值得讨论。一种看法是，由于国际上一般把基尼系数是否大于0.4作为判断收入差距是否过大的标准，为了使我国的收入差距控制在合理范围内，应当尽量把基尼系数控制在0.4以内。但是我国是一个幅员辽阔、人口众多、均质性很低的国家，客观上容许有较高的基尼系数，不必机械地、死板地守住0.4这条线，但突破这条线后，究竟放松到什么程度比较合适，需认真研究。另一种看法是，我国是二元经济社会，城乡之间的收入有较大差别是不可避免的，因此，只能分别计算城市或乡村的基尼系数，而不能合起来计算全国的基尼系数，不然，就会夸大我国的收入差距。我认为，全国的基尼系数、城市的基尼系数、乡村的基尼系数、各省的基尼系数等，都能说明不同的问题，完全没有必要取此舍彼或厚此薄彼。事实上，许多存在着二元经济结构的发展中国家也都分别计算城乡的和全国的基尼系数，我国似乎没有必要在这个问题上寻求例外。

第二，关于城乡收入差距的问题。

由于计算口径和方法的不同，我们对城乡收入差距程度的估计往往不一致，但对改革开放以来城乡收入差距先缩小后扩大的总趋势的判断没有什么分歧。世界银行有关报告指出，世界上多数国家城乡收入差距的比率为1.5，比率超过2的极为罕见。但我国即使按官方估计，1995年这一比率已达2.5，如果再加上城市居民所享有的实物性福利，城市居民的实际收入会增加72%。[①]根据官方公布的资料，我国城乡收入差距的比率到2003年已经达到3.2。民间则有各种不同

① 世界银行编写组. 共享增长的收入：中国收入分配问题研究[M]. 李燕生，党海鹏，译. 北京：中国财政经济出版社，1988：14–17.

估计，低估计为2.5左右，中估计为3.0左右，高估计为4.3左右。

根据本课题组的调查，2002年按十等分组，收入最低组的农村居民占99.36%，城市居民占0.64%；收入最高组的农村居民占23.78%，城市居民占76.22%。

而且，值得特别注意的是，越是经济欠发达的地区，城乡收入差距越大。这种城乡收入差距，不仅是一个经济问题，还是一个社会问题，不能不引起全国上下的极大关注。

第三，关于住房分布的不平等而引起的收入差距问题。

根据本课题组的研究，如果把住房改革后居民自有住房的估算租金也当作一种财产收入的话，那么，自有住房估算租金的不平等系数（1995年为0.371）已经超过了计划经济时代的住房补贴（暗补）的不平等系数（1995年为0.322），而住房补贴的不平等系数又超过了城镇居民总体的不平等系数（1995年为0.286）。这说明，若住房改革中把原来隐形收入（暗补）的不平等加以显形化只不过是承认原来的不平等的话，那么，当自有住房估算租金的不平等超过了原有住房补贴的不平等时，就应该看到，这是显形化过程中追加的不平等。而且，还应该看到，这种状况在20世纪90年代中后期以来的住房改革中进一步恶化了。在从实物分房向货币分房过渡的关头，有的部门和单位加紧买房和盖房，超标准地给职工分大房和分好房。人们发现，住房的双轨价格的差别，远比一般商品的双轨价格的差别要大。如果说，80年代后期所盛行的“寻租”（rent-seeking）活动是利用既有的价差来谋取利益的话，那么，90年代后期所盛行的“设租”（rentsetting）活动则是通过设置价差来谋取利益了。因为，“寻租”中的市场价和计划价都是给定的——计划价是计划经济时代所遗留下来的，市场价是体制转型过程中在市场上形成的。然而，“设租”就是另外一回事了。如果说，“设租”中的市场价也是给定的话，那么，“设租”中的计划价就有很大的主观性和随意性了——它往往取决于有权者和垄断者的主观意志和利益驱动。这种因权力和垄断而引起的新的分配不平等，不能不引起人们的重视。

从时序上看，我把改革开放以来到世纪之交的这20多年收入分配格局的变化分为以下三个阶段（从平均主义盛行到收入差距过大）。

20世纪70年代末至80年代中：平均主义盛行。在改革开放初期，收入分配方面的主要倾向仍然是计划经济时期遗留下来的平均主义。这一阶段农村的改革取得了很大的成功，但是，无论是农产品收购价格的提高还是家庭联产承包责任制的推行，其经济利益的分配是比较均衡的。当时城市的改革还没有全面推开，无论是机关、事业单位还是企业单位，在收入分配领域基本上还是沿用计划经济体制的传统做法。

20世纪80年代中后期至90年代初：两种现象并存。由于双重体制的并存和摩擦，在收入分配方面的主要特征是两种现象（计划体制内的平均主义以及体制外和体制间的收入差距较大）的并存。所谓“拿手术刀的不如拿剃头刀的”“搞原子弹的不如卖茶叶蛋的”之类的抱怨，就是双重体制并存的矛盾在收入分配问题上的反映。在这一阶段，人们最为关注的是利用双重体制进行的“寻租”活动所引起的收入差距的扩大。

20世纪90年代中后期以来：差距过大。尽管平均主义问题在某些部门和企业内还存在，但从全社会来看，收入差距过大已经成为主要倾向，特别是同激励机制无关的收入膨胀，即所谓的暴富，更是在社会上引起了强烈的不满。如果说，人们对由经济增长引起的收入差距的正常扩大能普遍认同的话，那么，这一阶段权钱交易、贪污腐败、各种垄断、内部人控制、设租活动等因素引起的收入差距的非正常扩大就成为人们关注的焦点。

3. 收入差距扩大的原因

分析改革开放以来收入分配差距扩大的经济原因是一项复杂的任务。长期以来，人们往往用经济增长或发展来解释收入差距的扩大，特别是用西蒙·库兹涅茨的“倒U字形假设”来解释发展中国家在经济起飞过程中收入差距的扩大[①]。即使是例外于这一假设的台湾地区——在经济高速增长的同时获得了收入分配上比较平等的结果——也在集中探讨经济增长同收入分配的关系，即探讨经济增长是否会引起收入差距的扩大。然而，根据中国的实际情况，应该考察以下四个方面的因素对收入分配的效应，即经济增长或发展，经济改革或体制变迁，经济政策及其变化，外部因素及其变化。当然，这些因素对收入分配差距的效应，既有扩大的一面，又有缩小的一面。改革开放以来，扩大的效应起了主导作用，所以收入分配的差距总体来说

① Simon Kuznets. *Economic Growth and Income Inequality*[J]. The American Economic Review，1955，45（1）：1–28.

是扩大的。下面，将举部分实例来分析这些因素对收入分配差距的效应。

就经济增长或经济发展来说，城市非国有经济的较快发展（同国有经济相比）和农村非农产业的较快发展（同农业相比）是引起收入差距扩大的两个强有力因素。

根据本课题组的调查，城市非国有部门的基尼系数（1988年为0.286，1995年为0.374）明显地高于国有部门的基尼系数（1988年为0.222，1995年为0.283）；农村非农产业的基尼系数（1988年为0.390，1995年为0.512）明显地高于农业的基尼系数（1988年为0.242，1995年为0.239）。因此，在非国有经济和非农产业较快发展的情况下，收入差距的扩大是一种非常自然的现象。

应该指出，并不是所有的经济增长因素都会引起收入差距的扩大。例如，1979年至1983年农业生产的迅速发展对城乡之间的收入差距就有明显的缩小作用。

就经济改革或体制变迁来说，情况更为复杂。由于中国采取了渐进改革的方式，在体制转型中出现了双重体制并存的局面，再加上一些非经济因素的影响，使得经济改革或体制变迁中发生了许多无序的问题。因此，我把体制变迁的因素划分为有序变化和无序变化两类。

20世纪80年代初期农村的价格改革和家庭联产承包责任制的推行，特别是土地的承包到户，对农民来说是普遍受益的，所以这些改革措施对农村内部来说起的是缩小差距的作用，对城乡收入来说，起的也是缩小差距的作用。

至于农村劳动力的流动，对城乡收入差距的缩小作用是比较明显的，但它对农村内部收入分配的效应则比较复杂。这是由于农村劳动力流出的地区分布极不平衡，因此，对于整个农村地区来说，它扩大了收入差距，但对某一个社区内部来说，又有缩小收入差距的作用。

20世纪80年代后期以来城市住房制度的改革是一项非常重要的改革措施。如上所述，自有住房租金估价的集中率不但高于城镇的基尼系数，还要高于住房补贴的集中率，所以，住房制度的改革已经扩大了收入分配的差距。由于这一改革没有对原有公房分配中形成的不平等因素加以认真考虑，例如，对有公房者和无公房者、有好房者和有次房者、有大房者和有小房者之间的差别没有按市场经济的原则认真地算账，其结果不但扩大了城市居民收入分配的差距，而且扩大了城乡居民收入分配的差距。

至于体制变迁中的无序因素对收入分配的影响，是最不容易调查清楚的问题，也是很容易引起社会强烈反响的问题。

在无序因素中，特别引人注目的是“寻租”活动。如上所述，关于租金的分布，迄今尚无准确的研究，但一般都认为，租金的分布是极不平衡的。因此，说“寻租”活动扩大了收入的差距并且是形成高收入阶层的重要因素，应该是没有什么疑问的。

内部人控制也是体制变迁中一个重要的无序因素。在体制转轨的过程中，国家对公有资产的集中控制逐步放松，各部门、各地方和各企业都有了对公有资产的控制权。对公有资产占有量的差别所造成的利益往往通过内部人控制而转化为本部门、本地区和本单位乃至个人的利益。这部分利益的分配很不透明，也很不均等。国有资产的大量流失很多都同内部人控制有关。

体制转轨过程中的各种垄断行为，包括部门垄断、行业垄断等，也是造成收入分配不平等增加的原因。通过垄断行为获取暴利被有的经济学家称为比“寻租”活动更为恶劣的“设租”活动。至于腐败所造成的分配不均，特别是权钱交易所造成的分配不均，更是人们深恶痛绝但又很难调查清楚的问题。

从上述分析可以看出，并不是体制变迁的所有因素都扩大了收入分配的差距，相反，上述有序变化中的若干因素还缩小了收入分配的差距。

就经济政策及其变化来说，我在这里只想讨论一个问题，即为什么城乡收入的差距在缩小了一段时期以后又长时期呈扩大的趋势呢？在我看来，这是同原有体制下实行的城乡分割政策的惯性有关的。城乡分割的户口制度使得城市户口和农村户口的含金量有很大的区别，城市户口在住房、医疗、教育、社保等各方面都享有更大的利益，而且改革开放以来有较大的增量。这应该说是城乡收入差距扩大的根本原因。

至于外部因素对收入差距的影响，我们还缺乏专门的研究。在世纪之交，有的学者预测，中国加入WTO以后，由于进口廉价的农产品，将减少农业部门的就业机会，但会增加城市的就业机会（主要是纺织和服装行业），从而会扩大城乡收入的差距。我们没有跟踪研究，因此无法对此作进一步的评价。

在分析收入差距变化的原因时，有关收入差距扩大同经济改革的关系是人们最为关注也是争议最多的问题。我认为，在进行这种分析时，有两种倾向需要防止，一种是把收入差距的扩大以及出现的问题都简单地归罪于经济改革本身；另一种是把收入差距的扩大简单地归结为经济改革所应该付出的代价。对于收入差距的扩大，应该分为三个不同层次来对待：第一个层次是属于有利于提高效率的激励部分，这部分是克服平均主义的改革成果，应该加以肯定；第二个层次是属于经济改革所必须付出的代价，例如，中国的改革只能采取双轨过渡的渐进方式，因此必然会出现利用双轨进行“寻租”等活动，在一定限度内，这可以说是改革所应付出的代价；第三个层次是属于过高的代价，或者说是属于不应该付出的部分，或应该防止和避免的部分。

（三）对转型期收入分配中两种现象反差的分析：双重体制在收入分配中的表现

如上所述，在经济体制的转型中，由于双重体制的并存，特别是双重价格的并存，必然辐射到收入分配领域，使得一段时期内出现了两种现象（计划体制内的平均主义和体制外的收入差距较大）并存的局面。20世纪90年代初，我写了两篇文章[①]对此进行探讨。

其中，《当前收入分配中两种现象的反差》一文发表在英国《剑桥经济学杂志》上。在此文中，我引用了当时社

① 赵人伟. 当前收入分配中两种现象的反差[J]. 剑桥经济学杂志，1990（9）；赵人伟. 我国转型期中收入分配的一些特殊现象[J]. 经济研究，1992（1）.

会上流传的“富了摆摊的，穷了上班的”“拿手术刀的不如拿剃头刀的，搞原子弹的不如卖茶叶蛋的”等说法，并从经济体制转换的角度对这些现象作了如下的分析。“在国家直接控制所能达到的范围内，老平均主义尚未取消，新平均主义已经出现；在国家直接控制所不能及，而间接控制系统又未能有效建立和运行的场合，部分人和部分经济活动的收入偏高。”“双重体制的并存，特别是双重价格的并存必然给经济生活带来一系列的矛盾和摩擦，使计划内和计划外的经济利益关系很难加以协调和平衡，并给投机倒卖非法牟取暴利的活动提供了温床。加上目前计划外的那部分经济活动还未能有效地纳入间接控制的轨道，在一定程度上存在着自流和失控的状态。双重体制的矛盾和摩擦，表现在个人收入分配问题上，就是计划外经济活动的收入明显地高于计划内经济活动的收入（在劳动贡献相同的前提下）。可见，上述两种现象的反差，在相当大的程度上是我国经济体制改革过程中双重体制的矛盾和摩擦在个人收入分配领域的表现。”这篇文章很短，而且也没有罗列数据，为什么该杂志会发表它呢？我认为这是因为该文章所反映的双重体制以及这种体制在收入分配领域的表现具有中国特色，因为其他采取激进方式的转型国家并没有像中国这样采取双轨过渡的方式。

另一篇文章《我国转型期中收入分配的一些特殊现象》则运用本课题组1988年的调查数据对两种现象的并存和反差作了更为具体的分析。从调查的结果可以看出，1988年私营部门（这一部门没有指令性计划，属计划外系统，包括个体户、私营企业、合资企业和外资企业）工作人员每人年货币收入差距非常悬殊。按十等分组计算的结果，20%最低收入者的收入只占总收入的3.4%，20%最高收入者的收入则占总收入的54.1%，后者约为前者的15.9倍。私营部门的基尼系数高达0.4929。在计划内或国家直接控制的范围内，收入分配的差距要远远小于计划外。从本课题组抽样调查的结果来看，国营部门（包括国有企业、国家机关和事业单位）工作人员货币收入的差距要比上述私营部门工作人员货币收入的差距小得多。国营部门工作人员中，20%最低收入者的收入占总收入的10.52%，20%最高收入者的收入占总收入的32.60%，后者约为前者的3.1倍。国营部门的基尼系数为0.2321。文章还指出，1985年的工资改革使得体制内职工的工资差距进一步缩小，例如，低、高级工作人员的工资收入比例，大体上从1∶3下降到1∶2。有人称这种情况为"新平均主义"，看来不是没有道理的。

除此之外，文章还对双重体制下的"寻租"活动以及由此而产生的收入分配不公和腐败现象进行了探讨。

（四）对财产分布状况的分析：从几乎没有个人财产到个人财产的高速积累和显著分化

本课题组在做1988年和1995年的数据调查时，虽然把注意力放在了收入分配问题上，但实际上也已经在一定程度上涉及财产分布的问题。到了世纪之交，由于居民财产的不断增加，财产分布的问题越来越引起人们的关注。我根据本课题组2002年的调查数据，对财产分布问题做了一点探索。[①]

我国已经确立了全面建设小康社会的目标，但人们的“康乐”（wellbeing）程度不仅取决于收入状况，而且取决于财产状况。换言之，“康乐”的分配不仅取决于收入的分配，而且取决于财产的分布。看来，这也是财产的分布越来越引起人们关注的原因之一。

就收入和财产的一般区别来说，收入（income）指的是人们（一个人或一个家庭）在一定时期内（通常为一年）的全部进账；而财产或财富（wealth）指的是人们在某一时点所拥有资产的货币净值。可见，财产是一个时点上的存量，而收入是单位时间内的流量。收入和财产之间存在着互动的关系：过去的流量必然影响当今的存量，而当今的存量又必然影响今后的流量。随着社会财产规模的不断扩大和财产分布格局的变化，财产分布不仅对整个宏观经济的稳定具有重要影响，而且对今后收入分配的长期变化也有重要影响。

根据本课题组的调查，在全国居民财产的各个项目中，最重要的是房产、金融资产和土地三项，三项合起来占居民财产总额的89.02%，其中尤以房产和金融资产两项最为突出，两项合起来占财产总额的79.67%。

至于全国财产的分布，无论用十等分组的办法还是用基尼系数来分析，都是很不平等的。就以十等分组法来说，从总财产来看，人均财产最多的20%的人口拥有59.3%的财

① 赵人伟，李实，丁赛，等. 中国居民财产分布研究[N]. 中国经济时报，2005-4-25；李实，史泰丽，别雍·古斯塔夫森，等. 中国居民收入分配研究Ⅲ[M]. 北京：北京师范大学出版社，2008.

产，而人均财产最少的20%的人口则仅拥有2.80%的财产，两者的比率为21.18∶1。这个比率比农村或城市分别计算时都要高（农村为8.1∶1；城市为18.55∶1）。如果以拥有财产最多的10%的人口同拥有财产最少的10%的人口相比，那么，两者拥有财产的比率为60.89∶1。显然，财产分布上的这种巨大差距是同城乡发展之间的巨大差别分不开的。在各项财产中，房产的分布是最不均等的。人均财产最多的20%的人口拥有65.84%的房产，而人均财产最少的20%的人口则仅拥有1.05%的房产，两者的比率为62.7∶1。而且，人均财产最少的10%的人口，其房产净值是负数，即其房产总值还抵偿不了尚未偿还的住房债务。至于其他各项财产的分布，金融资产分布的不均等程度仅次于房产，上述的比值（20%最高组同20%最低组相比）为29.13∶1。

再从基尼系数来看，2002年全国总财产分布的基尼系数已经达到0.550，既高于同年收入分配的基尼系数（0.454），又高于同年城乡分别计算的财产分布的基尼系数（城市为0.4751，农村为0.399）。应该说，这一结果是合乎逻辑的。在城乡各自的财产分布差距都已超过收入分配差距，且财产分布的城乡差距又非常巨大的情况下，全国财产分布的基尼系数怎么能不居于领先的地位呢？在各项资产中，房产、金融资产和其他资产的估算现值三项的集中率超过总财产的基尼系数，从而对总财产的分布起到了扩大不均等程度的作用。但是，由于其他资产的估算现值比重极小（只占0.93%），所以，它对总财产的不均等程度的解释力或贡献率仅为1.16%，不过，房产和金融资产两项则起着关键的作用：房产的集中率为0.6302，贡献率为66.32%；金融资产的集中率为0.6291，贡献率为24.92%。

从国际比较的角度来看，财产分布的基尼系数大于收入分配的基尼系数是一种常态。发达国家收入分配的基尼系数在0.3和0.4之间，而财产分布的基尼系数则在0.5至0.9之间。财产最多的1%的人口拥有总财产的15%～35%，而收入最多的1%的人口则拥有总收入的不到10%。21个发达国家在20世纪90年代中期收入分配的基尼系数大约为0.3，但这些国家在20世纪后半叶财产分布的基尼系数在0.52到0.93之间。按照国际标准，我国现阶段财产分布的基尼系数还不算很高，但是，如果考虑到以下两点，就不能不引起人们的高度重视了：第一，发达国家个人财产的积累已经经历了数百年的时间，而我国从20世纪80年代初算起，也只经历了大约20年的时间，可以说，中国个人财产积累的这种速度和势头都是超常的；第二，我国收入分配的基尼系数已经显著地超过上述发达国家，而如上所述，当今收入分配的分化必然会影响今后财产分布的分化，因此今后一段时间财产分布差距的进一步拉大将是难以避免的现实。

自改革开放以来，中国居民已经从一群几乎没有什么财产的居民变成了一群拥有财产的居民，或者说，中国居民已经实现了从无产者向有产者的转变。20世纪80年代初，世界银行认为当时的中国居民除了可以忽略不计的极少量利息收入以外，几乎没有什么财产收入。然而现在和今后的情况就不可同日而语了。从长期来看，在中国居民收入来源的构成中，来自财产的收入的比例将进一步增长，例如，在城市，将有更多的居民会获得来自房产的收入——房租。因此，财产分布差距的扩大必将成为影响收入差距扩大的一个重要因素。这种情况对国家宏观调控政策中的再分配政策提出了更高的要求，即要使税收政策和转移支付政策往更有利于缩小收入差距和财产差距的方向发展，从而对社会的稳定起到促进作用。

正在我们研究财产分布的时候，2007年党的十七大报告在谈到过去5年的成就时说，“城乡居民收入较大增加，家庭财产普遍增多”；在谈到改善民生时明确地指出，要“创造条件让更多群众拥有财产性收入”。按照十七大的这一精神，我写了一篇题为《重视居民财产及其收入的意义》（发表时的题目改为《正确处理财产收入与劳动收入的关系》）①的文章。在这篇文章里，我谈了以下几点看法。

第一，指出了居民拥有个人财产的重要性，既体现了藏富于民的思想，也体现了全面建设小康社会的精神。“创造条件让更多群众拥有财产性收入”，不仅重视居民收入的提高，而且重视居民财产的增加。收入是一定时期内的流量，财产是一定时点上的存量。评价一个居民或一个家庭的富裕程度，不仅要看其每月、每年的收入有多少，而且要看其在一定的时间点上所积累的财产有多少。

第二，明确了居民除了劳动收入以外，还有财产性收入，这既有利于提高人力、物力、财力资源配置的效率，又有利于拓宽居民增加收入的渠道，体现了居民收入来源的多

① 赵人伟. 正确处理财产收入与劳动收入的关系[J]. 中国改革，2008（1）.

元化。按照市场规律，各种生产要素的收入同各种生产要素的价格之间是有密切联系的。如果市场规律不受干扰的话，那么通过各种生产要素的收入的合理性就可以透视出各种生产要素价格的合理性，而生产要素价格的合理性就可以反映出各种生产要素的稀缺性，从而使各种生产要素，即人力、物力、财力资源得到合理的配置，从而提高资源配置的效率；反之，如果生产要素的收入和生产要素的价格不合理，就会造成信号的混乱，从而造成资源的浪费。当然，重视增加财产收入，并不是忽视增加劳动收入。十七大报告所指出的要“提高劳动报酬在初次分配中的比重”是有针对性的，这说明，在GDP高速增长、企业利润和国家财政收入都大幅度提高的情况下，绝不能忽视劳动收入的相应提高。只有这样，才能使广大劳动群众都能共享改革开放的成果。

第三，指出了收入和财产之间的互动关系。十七大报告不仅重视居民收入和财产的增加，而且点出了收入和财产的互动关系。居民的收入增加了，用于消费外的部分就可以转化为财产。当居民把消费之外的收入用于购买股票或存入银行时，收入就转化为金融资产；当居民把消费之外的收入用于购买住房时，收入就转化为物质资产中的房产。反过来，当居民的财产增多时，财产就可以转化为收入。出租房子所获得的租金、银行存款所获得的利息、购买股票所分得的红利，都是财产性收入。在处理收入和财产之间的互动关系时，我们不是在收入差距过大和财产差距过大之间形成一种恶性循环的关系，而是要在收入差距适度和财产差距适度之间形成一种良性循环的关系。

第四，要防止财产及其收入的差距过大。我认为，十七大报告中所说的“让更多的群众拥有财产性收入”这句话本身就有防止财产及其收入差距过大和实现共同富裕的含义。至于如何创造条件来防止贫富差距过大的问题，我认为首先是要深化改革。许多导致收入差距和财产差距过大的问题都是同钱权交易、“寻租”“设租”等活动联系在一起的，换言之，是同权力缺乏制衡联系在一起的。为了防止有人利用权力化公为私，权力制衡是必不可少的；为了加强权力制衡，在继续推进经济改革的同时推进政治改革也是必不可少的。在我国的经济生活中，既存在着市场竞争的因素，又存在着垄断的因素。人所共知的是，市场竞争不能解决分配公平、贫富差距问题，需要政府的介入；各种垄断，包括部门垄断和地区封锁等，不但不能解决收入和财产的公平分配问题，而且会加大贫富差距。这些问题都只能通过深化改革来解决。此外，要发挥政府的再分配功能。通俗地说，再分配就是“抽肥补瘦”，具体来说就是政府通过税收和转移支付（包括补贴）等手段让收入和财产从富人手中转移到穷人手中，以便在维护激励的前提下实现社会的公平与和谐。

二　计划和市场问题的探索

（一）我国讨论计划和市场问题的背景和意义

党的十一届三中全会以来，我国经济学界就社会主义经济中的计划和市场问题展开了大讨论。我对这场大讨论进行了比较详尽的综述和评论[①]，首先是对这场讨论的背景和意义进行了如下的概述。

1. 是对内搞活经济和进行经济体制改革的客观需要

不管参加讨论的同志对计划和市场的作用持有什么不同的看法，他们都几乎一致地认为，这是一个同经济体制改革有密切关联的重大经济问题。有的同志说："正确认识和处理计划经济和市场调节的关系，是我国经济体制改革的一个根本问题。"有的同志说："社会主义经济体制改革的种种尝试都是围绕着如何克服单纯的指令性的、排斥商品和市场的计划模式所造成的弊病而展开的。"因此，这是"一个划时代的经济问题"，解决好这个问题，"将为我国经济体制改革的总体规划提供客观的科学根据"。有的同志还从社会主义经济体制不同模式比较和选择的角度来论述这一问题的重要性，认为"比较各种计划——市场模式的得失"，"选择或者设想建立哪一种模式，是关系到经济管理体制改革方向的一个极其重要的问题"。有的同志还认为，既然"计划与市场的关系问题，是体制改革的核心问题"，就应该"以计划与市场的关系作为划分体制模式的主要标志"。

2. 是对外实行开放政策的重要反映

在党的十一届三中全会以前的很长一段时期内，我国经济学界对不少问题的讨论，是在相对闭塞的环境中进行的，但十一届三中全会以后的讨论，是在对外实行开放政策的环境下进行的。这种环境的变化，无疑使人们在对计划和市场

① 赵人伟. 我国计划和市场问题讨论述评[J]. 经济研究资料，1985（4）.

问题的讨论中开阔了视野。有的同志说："从国际上看，苏联20世纪20年代就开始讨论计划与市场的问题了。现在这个问题可以说是一个世界性的问题。"有的同志说，这个问题"从社会主义经济诞生以后，就一直吸引着全世界理论家们的注意。20年代至30年代对这个问题开展的大辩论，就是在西方世界进行的"。从这一意义来说，我国有关这一问题的讨论，是世界性讨论的一个组成部分。尽管我国的讨论是在建设具有中国特色的社会主义这个总主题之下进行的，但在对外学术交流日益发展的形势下，我国的讨论自然要吸收国际社会已经取得的并同我国国情相适应的有用成果。我们不仅吸收了东欧经济学家们的一些成果，同时也吸收了西方经济学家们的某些成果；我们不仅在讨论的内容上，而且在所使用的概念和术语上，都同外部世界有了更多的交流。这也是克服知识老化和进行知识更新的一个重要途径。当然，与此同时，我们自己的成果也对国际社会作出了有益的贡献。

3. 是社会主义制度下商品生产和价值规律问题讨论的继续和发展

中华人民共和国成立以来，我国经济学界对社会主义制度下商品生产和价值规律问题进行了长期的讨论。这一次关于计划和市场问题的讨论，既是新问题，又不完全是新问题。有的同志说："计划与市场关系问题的讨论，有时是在计划经济与商品经济的关系，或者计划规律与价值规律的关系的名义下进行的。"从它是社会主义制度下商品生产和价值规律问题讨论的继续这一点来说，并不完全是新问题，但从它在内容上和表述上都有进展这一点来说，又是新问题。看来我们可以以十一届三中全会为分界线，在此之前的讨论主要是以社会主义制度下商品生产和价值规律为主题进行的，在此之后的讨论主要是以社会主义经济中的计划和市场为主题进行的。

有的同志还从十一届三中全会以后我国经济学界对计划与市场问题的研究和讨论所取得的重要进展来论述其意义。例如，第一，过去认为占统治地位的思想是计划经济与商品经济、计划规律与价值规律、计划调节与市场调节这几对范畴是互相对立、互相排斥的，而现在一般认为它们是可以互相结合的。第二，过去占统治地位的思想是社会主义经济中的商品关系实际上只存在于不同所有制之间，全民所有制内部只保留商品关系的外壳，价值规律对社会主义生产只起影响作用，不起调节作用，而现在一般认为，全民所有制内部，包括生产资料的生产和流通，也是商品关系，价值规律同计划规律一起，都对社会主义经济起调节作用。第三，过去有关全民所有制内部商品关系的“外壳论”是出之于“外因论”，即从集体所有制的存在这种外部原因来解释，而现在则从全民所有制内部的原因来解释。尽管经济学界对此有各种不同的解释，如有的同志着重从劳动性质和物质利益关系的特点来解释，有的同志着重从社会主义全民所有制的不成熟性来解释，但几乎一致地克服了“外因论”。第四，过去认为，社会主义计划经济只有高度集中的计划管理体制这种唯一的模式，而现在越来越多的人认识到，只要坚持社会主义的公有制和按劳分配，不允许出现剥削现象，就可以采取各种不同的计划与市场相结合的方式。第五，对计划与市场的结合方式，过去只提到对国民经济的主要部分实行计划管理，补充部分实行市场调节，而现在提出计划管理的那一部分要运用价值规律的作用，市场调节的那一部分也要受国家计划的制约。

4. 是经济理论探索中的一个重大课题

在讨论中，有的同志提出，计划和市场问题的重要性，还在于它是政治经济学理论中有待进一步探讨的重大课题。“到现在为止，还没有一个国家在计划与市场的关系问题上得到完满的解决。”“这个问题看来随着社会主义经济和经济体制的发展，将会有长期的讨论。在一些比较具体的问题上，我们不必忙于做出拘束后人的定论，而应通过实践进行不断探索，找出适合于当时条件的答案。”

在这样的背景下，我本人有关计划和市场问题的探索大体上可以分为两步：第一步是在社会主义计划经济中引入（嵌入）市场机制，第二步是从引入市场机制的计划经济转向有宏观调控的市场经济。

（二）探索的第一步：在社会主义计划经济中引入（嵌入）市场机制

为了响应十一届三中全会改革开放的号召，我们一开始就把计划和市场问题作为经济改革的突出问题来进行探讨。1979年，刘国光和我就这一主题写了两篇文章[①]。1980年，

① 刘国光，赵人伟. 论社会主义经济中计划与市场的关系[J]. 经济研究，1979（5）；刘国光，赵人伟. 计划和市场关系的几个问题[J]. 红旗，1979（9）.

我又为董辅礽主编的书[①]写了《社会主义计划经济和市场机制》一文。现将我在这些文章中的主要探索概述如下。

1. 探讨了排斥市场机制的计划经济给经济生活带来的一系列消极后果

（1）生产与需要脱节。

由于片面强调计划、忽视市场，企业生产什么和生产多少，主要按照从上而下的指令性计划指标，而不能很好地按照社会的实际需要来安排。按理说，按计划生产与按需要生产应当是一致的，但是，在社会主义条件下，离开了市场机制，一个统一的计划中心事实上无法精确地把握人们对千百万种产品的千变万化的需求。这样，按上面布置下来的计划生产出来的东西，往往货不对路，造成积压，而社会上需要的东西又供应不足。再加上企业生产的产品大部分是由国家统购包销的，企业所需的生产资料大部分又是由国家统一分配计划调拨的，生产企业同消费者之间缺乏横向的联系，不能直接沟通，以致生产者不了解消费者的需要，消费者也不能对生产者施加影响，计划指标不符合实际需要的缺陷不能通过市场机制灵活地反映出来，并得到及时的纠正，使产供销脱节的问题长期难以解决。

（2）计划价格脱离实际。

由于在制定价格时忽视价值规律的客观要求，许多产品的计划价格长期地、大幅度地同价值相背离。在这样的价格条件下，企业在产值、利润等指标上表现出来的经营成果不

① 董辅礽. 社会主义经济制度及其优越性[M]. 北京：北京出版社，1981.

能反映企业本身经营状况的好坏；由不合理的价格因素而引起的亏本和盈利，也无法据以辨别企业经营的优劣。计划价格很少考虑供求的变化，长期固定不变。当出现商品不足、供不应求的时候，往往不采用调整价格的办法来促使增加供给和控制需求，而是采用票证来限额供应，使票证起补充货币的作用，造成价值尺度的多元化。人们还把凭票限额供应叫作“计划供应”，似乎它就是社会主义计划经济本质的一种体现。殊不知，这是任何一个被围困的城防司令都会想出来的办法，同社会主义计划经济毫无本质联系。当然，社会主义计划经济不是不可以在一定时期和一定条件下利用这种限额限价的供应办法，但是，由于这种办法不能从经济上鼓励增加这些供应不足的商品的生产，而且往往会固定和加深这些商品的生产者的不利地位而使生产和供给减少，所以，它不但不能从根本上解决供需矛盾，而且往往会进一步加剧这个矛盾。

（3）资金分配上的供给制。

我们不仅在产品的生产和交换上，而且在资金的筹措和分配上，忽视了市场的作用，其突出的表现是财政上统收统支。过去，我们企业的收入，包括企业的纯收入和基本折旧基金，全部或大部分上缴国家；企业发展生产、改进福利等开支，则都伸手向国家要。国家对企业无偿供给全部固定资产和大部分流动资金，企业对资金的使用效果可以不负任何经济责任，不管经营好坏、盈利亏本，工资基金不少拿，企业是“吃大锅饭”，职工是拿“铁饭碗”。由于物质利益与经营成果脱节，企业的经济核算不能不流于形式，单纯为记账核算，而不是利用对职工的激励制度来促进生产效果的提高。在这样的情况下，尽管国家发出许多行政命令和号召，企业和职工对于节约生产消耗、改进产品质量、增加品种以适应市场消费者的需要，也缺乏持久的内部动力，各方面的拖拉浪费问题，也就长期难以克服。

（4）企业结构上的自给自足倾向。

社会主义经济是建立在社会化大生产基础上的，企业之间、地区之间、部门之间都存在着广泛的专业分工和协作的关系。特别是随着科学技术的进步，生产专业化和协作也将进一步发展。但是，由于忽视市场关系，很多企业用小生产的经营方式来对待社会主义的大生产，使得我们许多企业不是向专业化和协作化的方向发展，而是向万事不求人、自给自足的方向发展。因此，我国的工业企业普遍存在着“小而全”“大而全”的情况，许多企业不仅办成了“全能厂”，而且办成了一个“社会”。当然，这种情况，并不是完全由企业内部的原因造成的。产供销的不平衡，协作单位不遵守合同、协作件得不到保证等原因，往往也迫使企业向“全能厂”方向发展。但从全社会来看，这些都是与排斥市场关系有关的。

2. 探讨了社会主义计划经济条件下如何利用市场机制的问题

在社会主义计划经济的条件下利用市场机制，就是要使社会拥有的物力、财力、人力资源得到合理的分配和合理的使用。

物力资源的安排和使用，主要是商品的产供销问题。在这方面，要加强市场机制的作用，就要以销定产，按产定供，做到产需结合。

企业生产什么，生产多少，根据什么来确定？企业生产的产品，按照什么方式来销售？企业进行生产所需的生产资料，按照什么方式取得供应？按国家计划来安排生产和按社会需要来安排生产，从根本上来说是一致的，但实际上却存在着矛盾。因为，国家计划主要考虑国家的需要，只能从总体上反映社会的需要，而不可能具体地、灵活地反映社会经济生活各个方面千变万化的需要，也不可能考虑每个企业单位的具体生产技术条件。要解决这个矛盾，做到产需对路，企业的生产计划就不能被国家下发的指令性指标定死，而是要在国家计划的总指导下，根据市场的具体需要和企业本身的具体情况和利益，通过签订各种产销合同和购销合同来确定。与此相应，消费资料的流通要逐步实行商业选购和工业自销相结合的办法，以适应消费者的需要，做到以销定产；生产资料的流通也要逐步商业化，实行产销双方直接挂钩，或者通过中间的批发商业企业来进行，以适应生产者的需要，做到按产定供。

财力资源的安排和使用，即财务管理和资金管理的问题。在这方面要加强市场机制的作用，就要实行企业的财务自理和自负盈亏，实行资金的有偿占用和按经济效果投放资金的原则。

迄今为止我们在财务管理上基本实行的是统收统支的办法，在基本建设投资和部分流动资金的分配上是实行财政无偿拨款的供给制办法，使企业经营成果同企业集体和职工个人利益脱节，使企业对合理地、有效地使用国家资金没有任何物质上的兴趣和责任，助长了企业在制定计划时讨价还价，争投资、争物资、争外汇的倾向。要改变这种状况，加强利用市场机制，主要是要把统收统支改为企业财务自理和自负盈亏，并加强银行信贷的作用。把资金的无偿占用改为有偿占用，首先是对那些用国家财政拨款建立的固定资产由国家按照资金的一定比率征收资金占用税。这种占用税或付款的办法同企业利润留成制结合在一起，就能使那些资金利用和经营效果比较好的企业从实现的较多的利润中得到较多的留成，从而得到较多的物质利益。而那些资金利用和经营效果不好的企业，就只能得到较少的利益或得不到利益。因此，实行有偿使用资金的制度，有利于促进企业和职工挖掘一切潜力，努力节约使用资金，充分发挥占用资金的效果。

在实行比较完全的企业财务自理的情况下，应该考虑逐步废弃全部基本建设投资和一部分流动资金由国家财政拨款的办法。企业除了从纯收入或利润留成中提取生产发展基金，自筹解决一部分外，基本建设投资基本上应改由银行贷款来解决，流动资金改行全额信贷。

在自负盈亏、财务自理的条件下，企业以自留的收入和必须还本付息的银行贷款来发展生产，自然不会再像资金无偿供给时那样不负责任、满不在乎，必然要兢兢业业、精打细算才行。

在劳动力资源的安排和使用方面，要加强市场机制的作用，就要实行择优录用，容许一定程度的自由择业，用经济办法来调节劳动力的供需。

过去，在人力、物力、财力资源的安排分配上，单纯地、完全地用行政的手段，离市场机制最远的，要算劳动力资源的分配了。这种单纯的行政分配方式带来了不少问题。从企业来说，往往不能按照自身的需要来招收职工；从个人来说，往往不能按照自己的所长和兴趣选择职业，做什么样的工作完全取决于上级的分配，在实际工作中难免出现“乔太守乱点鸳鸯谱”的现象。这种状况显然不利于合理地使用劳动力，调动人的积极性；不利于贯彻经济核算制，提高经济活动的效果。而在劳动力的调配和使用上存在的走后门、裙带关系等不良现象，不但同社会主义经济制度的本性不相容，而且是一种在资本主义商品经济中也难以见到的、比资本主义更落后的东西。

要消除劳动力分配和使用上的种种不合理现象，做到人尽其才，就应当在劳动力安排中遵循择优录用的原则，实行计划分配和自由择业相结合的办法。企业在国家计划的指导下和国家法律规定的范围内，有权根据生产技术的需要和择优录用的原则，通过劳动部门，招收合乎需要的职工，也有权将多余人员交劳动部门调剂给需要的单位，或组织培训，适当安排。职工待业期间的生活费则从社会保险基金中支付。个人在服从社会总的需要的前提下，应有一定的选择工作岗位的自由。应当看到，择业的自由，是每个人自由发展的一个重要组成部分，而每个人的自由发展，诚如科学的共产主义理论奠基人所指出的，乃是一切人自由发展的条件。

3. 探讨了利用市场机制下的价格问题和竞争问题

（1）价格问题。

长期以来，由于否认价值规律对社会主义生产的调节作用，把同价值规律有关的经济范畴仅仅看作是一种计算的工具或形式，以便于核算等为理由，主张价格要长期固定不变，把计划价格相对稳定的方针变为长期冻结的方针。但是，由于经济生活在不断变化，影响各类产品价格的各种客观因素也在不断变化，价格也不可能是固定不变的。人为地冻结物价，就会使价格愈来愈脱离客观实际，违背客观规律的要求。例如，劳动生产率的变化影响产品价值的变化，是决定价格变动的一个根本性因素；供求关系是影响价格的一个重要因素。但是，不容波动的固定价格却不能反映劳动生产率的变化和供求关系的变化；许多产品长期供求失衡，也无法通过价格的变动来调整供需。过去，我们为了保持价格的固定不变付出了极大的代价，大量的票证和排队所换来的是低标准的平均分配，而不是生产和供给的迅速增长；而且往往造成一种恶性循环——什么东西实行了限额限价的供应，什么东西的生产规模就由于缺乏必要的刺激而难以扩大，这种东西的供应紧张也就愈难解决。

允许价格在一定幅度内的浮动，有利于调节供求关系和促进生产的发展，这正是在计划的指导下利用市场机制的一个表现。当然，允许价格的这种浮动并不意味着不需要任何价格控制。价格浮动幅度的规定和变动，实际上是离不开计划指导的。对于少数同广大群众生活有密切关系的主要消费品和对生产成本影响较大的重要生产资料，在一定时期内由国家统一定价实行价格控制，是有必要的。

（2）竞争问题。

只要存在商品经济，就意味着有竞争。一定程度的竞争，和上面所说的一定程度的价格浮动，是互相联系、互为条件的，它们都是市场机制的有机组成部分。没有价格的浮动和差别，就没有竞争；反过来，没有竞争，价格的浮动和差别也不能真正实现，市场的供求规律就不能正常运行，价值规律也难以得到贯彻。在社会主义计划经济条件下，在物力、财力、人力资源的分配上利用市场机制，就不能不容许有一定程度的竞争。上面所说的按照市场需要进行生产和组织供销，按照投资效果来决定资金的投放，按照择优录用的原则进行人员的安排，实际上也都离不开竞争。

我在1980年布鲁斯访华之后写的一篇文章中吸收了布鲁斯的一些观点，对社会主义计划经济引入市场机制后的个人经济活动的自由作了进一步的论述：第一是在既定的个人可支配收入的范围内，个人有选择消费品和劳务项目的自由；第二是个人有选择工作岗位和工作地点的自由。有了前一项自由，就可以打破把消费品配给制的临时措施当作战略方向来肯定的做法；有了后一项自由，就可以打破僵化的“统包统配”的用人制度。

从1979年至今，我们应该如何来评价上述第一步的探索（在社会主义计划经济中引入市场机制）呢？ 最简单的回答是一分为二，即既要肯定其进展，又要指出其局限性。

第一步探索的意义在于提出了要在物力资源的配置、财力资源的配置和人力资源的配置上发挥市场机制的作用。换言之，就是要打破计划经济一统天下的模式，不仅仅是要在计划经济的外部或边缘加上一点市场调节作为补充，更是要将市场机制打入计划经济的内部。计划经济的一大特点是实物指令配置资源，现在引入市场机制之后，必然触动了计划经济的根基。

1979年的探索还是在比较封闭的环境下进行的，当时布鲁斯还未访华，科尔奈的理论更是“远在天边”。可以说，当时的探索并没有同东欧的改革理论进行交流。不过有趣的是，我们的探索和东欧的探索有许多共同之处，或者说有不约而同之处。我们认为，应该将同价值规律或市场机制有关的一些经济范畴如价格、货币仅仅当作计算的工具或形式；布鲁斯则认为，在传统的计划经济下，货币是消极的货币，或货币只起消极的作用。我们认为，价格僵化无法促进生产和供给的增加，因此长期存在供不应求的局面；科尔奈则认为，在价格不存在或价格信号微弱的情况下，社会主义经济只能是“短缺经济”。我们认为，社会主义经济应该是很好地利用市场机制的计划经济；布鲁斯则认为，社会主义经济是“嵌入市场机制的计划经济”（socialist planned economy with a built-in market mechanism）。这种种不约而同，正好说明传统的计划经济不论是在中国还是在东欧，都存在着难以避免的通病，因此进一步增强了我们改革的信心。

当然，从发展的眼光来看，当年的探索仍然具有明显的局限性。尽管当年强调市场机制的作用仍然具有一定的风险，而且屡屡遭到一定程度的批判，但是，上述第一步的探索实际上并没有从根本上跳出计划经济的大框架。不论是1979年我同刘国光合作的文章还是1980年我单独写的文章，都强调在利用市场机制的情况下加强计划管理的必要性，即使在吸收了布鲁斯分层决策的观点以后，仍然强调宏观经济活动集中决策的必要性。因此，在此基础上开始第二步的探索是不可避免的。

当年探索的局限性的另一个表现是缺乏国际交流。如上所述，我对1979—1984年有关计划和市场问题的讨论作了一份详细的述评，从中可以看出，那么多参加讨论的学者几乎没有人将国内的讨论同国际上在20世纪30年代发生在米塞斯、哈耶克和兰格之间的争论进行比较研究。可以说，改革开放初期的讨论，仍然是在相对封闭的环境下进行的。

（三）探索的第二步：从引入市场机制的计划经济转向有宏观调控的市场经济

从官方的文献来看，这一步起步的标志是1984年10月党的十二届三中全会关于经济体制改革的决定，该决定明确地指出，社会主义经济是“有计划的商品经济”。在我看来，把社会主义经济落脚到商品经济上，实际上就是落脚到市场经济上，因此，这一决定给学者们的研究打开了一扇通向市场经济的大门。试想，如果没有1984年的“有计划的商品经济”的论断，就很难有1985年“巴山轮会议”上中外学者围绕“有宏观调控的市场协调”的讨论，而这种讨论，无疑有助于推动市场取向的改革。从官方文件来看，从1984年十二届三中全会的“有计划的商品经济”到1987年十三大的“国家调控市场，市场引导企业”，再到1992年十四大的“社会主义市场经济”，应该是一脉相承、逐步推进的。从我本人的思想来说，沿着这条线索往前推进也是非常自然的事情。

不过，我在这一步的探索，并不是简单地重复上一步探索中有关计划和市场关系的论述，而是有新的特点。第一，将计划和市场关系的探讨纳入经济改革目标模式的探讨之中。1986年前后，我参与了刘国光主编的《中国经济体制改革的模式研究》一书的编写，把有关计划和市场关系的研究纳入了我执笔的该书第一章“中国经济体制改革目标模式的总体设想”里。这一步的探索，不但继承了上一步探索的成果，而且将“有计划的商品经济”的论断和“巴山轮会议”的成果都吸收进去，同十三大提出的“国家调控市场，市场引导企业”的目标非常接近。第二，到了20世纪90年代，有关计划和市场关系的讨论逐渐地演化为市场的作用和政府的作用如何处理的讨论。这种演化的积极意义在于既有利于操作，又可以避免计划和市场问题讨论中的概念之争。

在这一步的探索中，我认为有几件事是值得回忆的。

第一件事：关注市场化改革进程中的实物化倾向。

计划经济的主要特征除了决策的高度集中以外就是资源的实物配置，因此，市场取向的经济改革必然要克服资源配置的实物化倾向。但是，我国在市场取向的经济改革中，往往受到实物化倾向的阻挠。我同几位年轻的研究人员对这一问题进行了研究，并在《经济研究》上发表了《市场化改革进程中的实物化倾向》一文[①]，指出实物化倾向是市场化改革进程中的一种阻抑现象。文章对实物化倾向的表现作了如

① 刘人伟，陈东琪，王忠民，等. 市场化改革进程中的实物化倾向[J]. 经济研究，1989（4）.

下概括。

配给票证的“余温”犹存。改革开放以来，城镇居民凭票供应的吃、穿、用物品已大大减少，但仍有票证的存在。不但粮、油等基本食品仍维持凭票定量供应的制度，而且蛋、肉、粮、粉丝等副食品又恢复了按人、按户、按月定量的票证配给制，甚至连肥皂、火柴等日用品也定量化、票据化，此外，还有彩电、冰箱等家庭耐用电器实行普通居民难以得到的“有限票据”供应。

福利性消费的扩张。改革开放以来，随着居民收入的增长，家庭总预算开支也随之增长。但在城镇居民的生活开支中，有若干相当重要的开支项目却一直不变甚至出现下降趋势，其中最突出的是人均每年的房租开支占人均每年生活费开支的比重呈下降趋势，从1957年的2.32%下降到1983年的1.52%和1987年的0.87%，这说明改革开放以来城镇居民住宅消费的福利程度和实物化倾向相对扩张。其他如公共交通、水电费等开支，也大体上同房租开支类似。

单位内部配给。在“放权让利”的改革过程中，各单位纷纷巧立名目给职工分发实物，单位配给比政府配给的实物化程度要高，因为前者往往是“白给”，职工不必或很少支付货币。

实物串换。在我国当时的经济生活中，尤其是在短缺程度很高的经济领域，实物串换又以多种形式盛行起来。我们经常看到的实物串换形式包括：以物易物，比如用钢材换轿车，用化肥换粮食等；以票易物，比如以粮票换鸡蛋等；以权易物，比如利用手中的权力帮人办事，于是人家无偿赠予物品等。

超常规补贴。据有人估算，我国当时城市职工供给性消费（包括住房补贴、交通补贴、公费医疗等）相当于他们平均工资收入的80%左右；职工每住一平方米房子，国家每月要补贴2元以上，城市居民每吃一公斤粮食，国家要补贴0.34元以上，城市居民每吃一公斤花生油，国家要补贴1.6元。

可见，实物化倾向阻碍了市场取向的改革，因此克服实物化倾向就成为计划经济转向市场经济的一项重大任务。

第二件事：坚持市场取向的改革历程就不能回到计划经济。

市场取向的改革并不是一条直线，而是一条曲线。客观形势往往是多变的，不过，作为学者应该根据自己研究的心得一步一步往前走，而不能随形势的变化而“随风倒”。1990年6月，《求是》杂志举办了一个研讨会，主题是“关于计划经济与市场调节相结合问题”。我被邀请参加讨论，在会上作了一个题为《总结经验，继续前进——计划和市场关系问题的再探索》[①]的发言。在发言中，我谈了以下几点看法：一是要总结一下究竟有哪些方面是可以发挥市场机制的作用而未能发挥的，哪些方面是不应交给市场而放任给市场支配的；二是在宏观管理上要关注以直接控制为主向以间接控制为主的转变过程中出现的变化无序的状态；三是在价格改革中要通过“调放结合”的方式来改变各种产品相对价格的扭曲状态和进行价格形成机制的改革。在发言中，我对

① 载《求是》杂志1990年第13期。

研讨会的主题避而不谈，在我看来，既然1984年以来在市场取向的改革中已经有了很大的进展，就没有必要再回到计划经济，只能继续往前探索。

第三件事：探讨正确区分市场的功能和政府的功能。

20世纪70年代末至80年代初关于计划和市场问题的讨论，到了90年代后期和21世纪初期，已经进一步演化成为如何正确发挥市场的功能和政府的功能问题。我认为，在我国的经济体制转型过程中出现了市场功能和政府功能的混淆，出现了市场化不足（该市场化的没有市场化）和市场化过度（不该市场化的已市场化）并存的局面。

在个人产品或私人产品的领域，主要是吃、穿、用领域，已经实现了通过市场机制来配置资源，交由个人来负责。

在公共产品领域，主要是国防、环保、基本公共服务等领域，则通过政府来配置资源，由国家来负责。

在上述这两个领域，应该说功能和责任的区分是比较清楚的，问题出在准公共产品的领域。

在准公共产品领域，主要是教育、医疗、低收入者的住房等领域，则应该分别通过市场和政府，即分别由个人和国家来负责。这一领域的难点是如何划分市场的功能和政府的功能。由于这一领域存在着灰色地带，容易发生政府和个人之间互相推诿的问题。中国在20世纪90年代的改革中就有了把这一领域的责任过多地推卸给个人、过多地依赖市场的倾向，不妨称之为过度市场化或过度商业化的倾向；进入21世纪后，这一倾向正在被纠正。当然，在从计划经济向市场经济的转轨过程中，有些部门、有些领域（尤其是垄断部门和领域）则仍然存在着市场化程度不足的问题。解决市场化程度不足和市场化过度并存的问题，仍然是今后改革的一个重点。

三 经济体制转型和经济发展转型问题的探索

（一）改革开放初期关于经济体制改革目标模式和转轨方式的探索

改革开放之初，在研究计划和市场的关系问题时，实际上已经涉及经济体制改革的目标和转轨方式的问题。我到牛津大学进修期间，接触到一些比较经济学的文献。1984年党的十二届三中全会提出“有计划的商品经济”和1985年的“巴山轮会议”提出“有宏观控制的市场协调”以后，更为研究我国经济体制改革的目标模式和转轨方式提供了客观条件。1986年前后，刘国光主编的《中国经济体制改革的模式研究》[①]一书就是在这样的背景下编写而成的。我负责编写了这本书中的两章——“中国经济体制改革目标模式的总体设想”和“我国经济体制改革过程中的双重体制问题”。现将我在这方面的探索简要地做一个回顾。

1. 从比较中看我国经济体制改革目标模式的选择

在比较经济学的文献中，许多经济学学者都根据经济体制的各个构成要素分析经济体制的特征，并把这些要素在结构上的差异（如决策结构的集中程度或分散程度上的差异）

① 刘国光. 中国经济体制改革的模式研究[M]. 北京：中国社会科学出版社，1988.

作为标准来区分经济体制的不同类型或不同模式。例如，埃冈·纽伯格和威廉·达菲认为，任何经济体制都包括三个相互联系的组成部分——决策结构、信息结构和动力结构，各种经济体制的差别都是由这三个结构的差异造成的。①阿·林德贝克有“八面体”的分析，即在经济决策上，是集中的还是分散的；在信息传递、资源配置和协调机制上，是通过市场的还是通过行政的；在财产关系上，是私有的还是公有的；在动力机制上，个人和公司是通过经济刺激还是通过命令来推动自己的行为的；在个人之间和公司之间的关系上，是竞争性的关系还是非竞争性的关系；在整个经济体制同外部世界的关系上，是开放的和国际化的还是封闭的和自给自足的。②

在研究社会主义经济体制的不同模式时，有的经济学家往往根据分析问题的需要，突出一个标准来进行分类，这方面最有代表性的是布鲁斯和科尔奈。布鲁斯从经济决策的角度对社会主义经济模式进行了分类。他把决策分为三个层次，即（a）基本的或主要的宏观经济决策，（b）一般的或日常的微观经济决策，（c）个人的或家庭的在劳动力分配和消费选择方面的决策。并以这三个决策层次的集中还是分散，分为以下四个模式：第一个模式——“军事共产主义”模式——（a）（b）（c）均集中化；第二个模式——集权模式——（a）（b）集中化，但（c）在原则上分散化；第三个模式——含受控制的市场机制的中央计划经济模式即

① 埃冈·纽伯格，威廉·达菲.比较经济体制[M].北京：商务印书馆，1984：17–18.

② 阿萨·林德贝克.新左派政治经济学[M].北京：商务印书馆，1980：130–132.

“分权模式”——（a）集中化，但（b）（c）分散化；第四个模式——市场社会主义模式——（a）（b）（c）均分散化。[①]科尔奈则从经济协调机制的角度对社会主义经济模式进行了分类。他认为，经济运行中经常起作用的协调机制可以分为行政协调（Ⅰ）和市场协调（Ⅱ）两类；每一类协调机制又有两种具体形态，即直接的行政协调（ⅠA）和间接的行政协调（ⅠB），以及无宏观控制的市场协调（ⅡA）和有宏观控制的市场协调（ⅡB）。

应该指出，采取各种不同的标准所进行的不同的分类往往各有特色。多标准的分类使得对各种经济体制特征的分析比较丰满；单标准的分类则使这种分析具有较高的抽象层次，并显得非常简明扼要。

按照上述构成要素和分类标准来区分经济体制的不同类型或不同模式，社会主义经济体制各种不同模式就会呈现出光谱的状态，每一种模式都处在这种光谱的一定色位上。总结十月革命以来各国的经验，综合各家的学说，我们可以把社会主义经济体制划分为以下六种模式：第一种，军事共产主义的供给制模式；第二种，传统的集中计划经济模式；第三种，改良的集中计划经济模式；第四种，间接行政控制模式；第五种，计划和市场有机结合的模式，或有宏观调控的市场协调模式；第六种，没有宏观调控的市场协调模式。

当时我们的探索很自然地排除了两个极端，而倾向于有宏观调控的市场协调模式。当时社会上对这种模式的表述大

① 布鲁斯. 社会主义经济的各种体制——历史的经验和理论的构想[M]//荣敬本. 社会主义经济模式问题论著选辑. 北京：人民出版社，1983：69-70.

同小异，如“计划和市场有机结合的模式”“国家掌握市场，市场引导企业”的模式“国家—市场—企业型的间接管理模式”。尽管有各种不同的表述，但就其内涵来说，已经非常接近1987年党的十三大关于“国家调控市场，市场引导企业”的模式。

2. 我国经济体制改革目标模式的基本框架

在所有制方面，要形成以公有制为基础、国有制为主导、多种所有制形式并存的新格局，应该包括以下内容。第一，所有制关系要实现从单一化向多元化的变革，不仅有作为基础和主导的国家所有制、集体所有制等公有制形式，而且有个体所有制、国家资本主义所有制（外资、中外合资企业）和私人资本主义所有制等形式。第二，各种所有制形式之间不是相互封闭的而是彼此开放的，使各种生产要素在不同所有制经济之间流动，以利于资源的优化配置和运行效率的提高。改革中已经出现了跨越所有制界限的经济联合体和企业群体，开始了不同所有制之间的互相渗透和互相配合，反映了这一客观的趋势。第三，必须坚持以公有制为基础和国有制为主导，以保证经济体制改革的社会主义方向。这种基础和主导的地位，不仅要从数量上看是否占有足够的比重，而且要从质量上看是否掌握国民经济的命脉、能否左右经济的发展。第四，改革必须深入公有制内部，特别是国家所有制内部，才能从根本上解决谁都是财产的所有者、谁都对财产不负责任的问题。

在经济决策方面，要建立起一个国家（包括中央和地方）、企业和个人的多层次决策体系。由于社会主义经济是建立在社会化大生产基础上的一个大系统，其经济活动本身就是多层次的，因此，经济决策权力的分布，也应当根据各层次经济活动的性质和要求，形成一个合理的分层决策体系，以保证国民经济的和谐发展。对于社会主义经济活动最低限度的集中决策问题或最低限度的政府控制问题，国内外经济学界都有许多研究。具体的项目界限和数量界限当然可以进一步探索，但最低限度的集中决策或控制似乎是没有疑义的。至于劳动者个人经济活动决策的分散化，即劳动者在既定收入的范围内有选择消费品和劳务项目的自由以及有选择职业和工作地点的自由，在目标模式中应予以实现，而不能只允许劳动力“在一定范围内的”或“有限的”流动，等等。

在经济调节方面，广义的经济调节包括对宏观经济活动的调节和对微观经济活动的调节两个方面。如果把对宏观经济活动的调节纳入计划决策的范围，那么，经济调节就仅指对微观经济活动的调节，这是一种狭义的经济调节。在宏观经济活动的计划决策既定的前提下，人们探索和争论的焦点往往在于后一种调节的方式，即通过什么方式使宏观经济活动决策微观化，同时又使微观经济活动决策符合整个社会经济活动的共同目标。在目标模式中，应该在宏观经济活动和微观经济活动之间建立起一个间接的调控系统，即从原则上来说，国家不再给企业下达指令性的计划指标，企业所需要的生产资料也不再由物资部门统一分配。国家主要通过价格、税收、利率、工资等表现为市场数值的经济参数来引导企业的行为和调节资源的流向。企业经营状况的好坏不再以完成国家计划指标的状况来判断，而是以获得利润的多少来判断。企业作为选择的主体则无权操纵这些参数，而只能调整自己的活动来适应这些参数。

在经济利益方面，要在清晰界定不同经济利益主体的利益界限的基础上，建立起国家（社会）、集体（企业等）和个人三者兼顾以及长期利益和短期利益兼顾的经济利益格局、利益刺激和利益约束对称的利益均衡机制。在国家和企业之间的收入分配上，要允许主观经营水平不同的企业在收入分配方面存在差别，以解决企业吃国家“大锅饭”的问题；但不同企业因客观原因（资源贫富、土地肥瘠、位置好坏、技术装备优劣等）所造成的级差收入应基本收归国有；企业的权、责、利要对称，不能只负其盈，不负其亏。在劳动者个人之间的收入分配上，要改变职工收入同个人劳动贡献相脱节的情况，以克服平均主义，解决职工吃企业“大锅饭”的问题；为了防止收入差距的过分悬殊，特别是对于非劳动收入所形成的悬殊收入，应该实行高税率调节；必须给劳动者个人以平等竞争、自由择业的机会，防止因机会不均等而引起的收入悬殊。通过企业内部的收入平衡机制和国家对积累和消费有计划的安排，在克服旧体制压抑个人消费问题的同时，防止消费膨胀。

在经济组织方面，要按照社会化大生产的要求，建立起政企分开、纵横交错的网络化的经济组织系统。经济组织体系改革的根本任务是要改变企业作为中央或地方行政机构附属物的地位，使企业从条条框框的束缚中解放出来，中央和地方政府机构都要按照政企职责分开的原则来发挥其管理经济的职能。政企分开后，要加强行业组织的作用。当然，在发挥行业组织和城市的作用的同时，应当防止它们变成新的条条框框。政企分开以后，企业应该按照自愿互利的原则，向专业化、联合化和群体化的方向发展，克服“小而全”和“大而全”的问题，逐步实行企业组织结构的合理化。企业专业化和协作化的形式可以多种多样，但联合企业必须是经济实体，实行独立核算、自负盈亏，应防止其成为变相的行政性组织。在促进企业联合化的同时，还应该保护竞争、防止垄断。

3. 双重体制是我国体制模式转换中的产物

经济体制改革是从一种运行模式转变为另一种运行模式。在我国经济体制进入全面改革和出现明显的双重体制以前，许多从事经济改革研究的经济学家都认为，经济体制模式的转换应该尽力避免出现双重体制，因为每种经济体制都有其独特的运行机制和内在逻辑，把两种不同的经济体制混杂在一起，必然造成摩擦和混乱。

同上述改革理论相适应，许多经济学家特别是东欧的经济学家认为，在改革的做法或步骤上，应该采取“一揽子”行动，使改革的所有原则在涉及到的所有领域都发生作用。其理由如下。第一，零敲碎打的改革不可能把原来的计划机构打散、从根本上改变原来的管理原则和方法，一旦新体制在执行中发生问题，旧体制就会随时取而代之。第二，零敲碎打的做法不可能把新的运行原则真正坚持下去。比如，仅仅在一部分企业中实行新体制，虽然使其扩大了自主权，不受上面指令性指标的约束，但当这些企业需要其他企业提供原材料时，其他企业可以因为没有上级的指示而加以拒绝。这样，新的产供销关系就建立不起来，新的运行原则就站不住脚跟。[①]在他们看来，如果改革采取渐进的方式而形成了双重体制，就等于让一部分汽车靠左行驶，让另一部分汽车靠右行驶，会造成交通规则上的混乱。

尽管在我国经济改革的早期阶段我们已经接触了上述理论和经验，但改革以来的实践表明，我们并没有避免双重体制的出现，特别是自以城市改革为重点的全面经济体制改革开展以来，已经明显地步入了双重体制的轨道，其情况的复杂性甚至远远超出了东欧经济学家们的预料。原来东欧经济学家所说的双重体制，主要是指一部分企业实行新体制，另一部分企业实行旧体制；而我国的双重体制则深入到国有大中型企业的内部，即原来按照指令性计划实行生产的企业，现在已把生产分成计划内和计划外两个部分（这里所说的“计划”专指指令性计划），企业所需的物资供应也分为两个来源，即国家统一分配的部分和自由采购的部分。与此相适应，计划内的产品实行国家用行政办法规定的牌价，计划外的产品则可按不同程度的反映市场规律的价格（浮动价格、协议价格、自由价格）出售。在这里，双重计划体制、双重物资流通体制和双重价格体制是三位一体的。双重计划体制（决定如何产出）是双重经济体制的基础，双重物资流通体制（决定如何投入）是双重计划体制的保证，而双重价格体制则既是整个双重经济体制的集中表

① 赵人伟. 布鲁斯关于社会主义经济模式的理论[M]//外国经济学说研究会. 国外经济学讲座：第三册. 北京：中国社会科学出版社，1981：334.

现，也是我们后面要说到的双重体制的矛盾和摩擦的焦点。在双重体制下，企业的行为和国家宏观控制的行为都是双重化的，企业有了一定程度的自主权，但仍然要受行政指令的约束，因而不得不用一只眼睛盯住市场，一只眼睛盯住“指令”。国家对企业的控制也是直接的行政手段和间接的参数手段并用。

4. 双重体制的利弊和双重体制下的宏观管理

双重体制的并存表明原有体制的僵局已被打破，给经济生活带来了新的活力。因此，双重体制相对于原有的僵化体制来说无疑是一个进步，它的积极作用可以归纳为以下几点。

第一，有利于分步骤地调整人们之间的经济利益关系，减轻改革中的动荡和阻力。

第二，有利于增加生产和供给，缓和供求之间的矛盾。

第三，有利于节约使用资源和提高企业管理人员的水平。

然而，人们议论较多的似乎是双重体制的弊病或它的消极方面。双重体制的并存导致微观决策行为和宏观控制行为的双重化，从而给经济生活带来了一系列的矛盾和摩擦，具体表现为以下几点。

第一，在新旧体制模式交替的过程中，常常会在两种运行体制之间出现某种真空状态，即某些直接行政控制手段放弃以后，间接控制手段没有相应地、及时地跟上，从而造成经济生活的失控或混乱。例如，1984年第4季度出现的财政支出失控、信贷支出失控、货币发行失控以及投资膨胀和消费膨胀等现象，在相当大程度上就是由新旧体制交替中的脱节造成的。

第二，在双重体制并存的条件下，信号系统特别是价格信号系统发生紊乱，一物多价削弱了货币作为一般等价物的作用，造成价值尺度的二元化，不符合价格同一性的原则，这种紊乱给经济生活带来一系列摩擦。例如，计划内产品实行较低的价格，计划外产品实行较高的价格，造成计划内产品流向计划外。由于企业行为的双重化，作为生产单位和销售单位的企业力争压低指令性计划指标，以便把多余的生产能力用于生产计划外产品；作为原材料的购买和使用单位的企业则力争获得更多计划统一分配物资的指标。在双重体制下，难以形成统一的社会主义市场机制和竞争机制，考核企业经营管理好坏的标准也会发生紊乱，无论是产值、销售额还是利润等标准都不免失真。牌价和市价的差价还给投机倒卖非法牟取暴利的活动提供了温床，大量利润在流通领域中被不法分子获取，增加了不合理的中间环节。

第三，在资源的配置和利用上，双重体制也刺激了一些低效率的小规模企业的高成本生产，造成有限资源的不合理使用，导致规模不经济和部门内产业结构的不合理。近年来乡镇企业的迅速发展在增加生产、扩大就业、拾遗补缺等方面起了积极的作用，但也发生了小企业挤大企业，落后技术挤先进技术的问题，一些小企业同大企业争原料、争动力，降低了社会经济效益，双重价格还鼓励了非经济的长途运输。

如果双重体制并存的局面确实需要维持一个较长的时间，那么，如何在错综复杂的矛盾和摩擦中进行宏观经济管理就成为非常重要的问题。在这方面至少可以采取以下措施。

第一，直接控制手段的逐步减少和间接控制手段的逐步增加应该彼此衔接，即在微观经济活动放活的同时，要有相应的宏观间接控制手段紧紧跟上。

第二，在原有体制的运行机制还不能完全废除的情况下，必须继续运用行政指令来维持原有运行机制的有效性和严肃性。

第三，在双重体制并存的局面不可能根本改变的情况下，采取一些变通措施来减轻摩擦。

第四，通过逐步缩小部分指令性计划产品的比重、扩大部分计划外产品的比重（即所谓“放”），以及逐步调高计划价格，从而缩小计划内价格和计划外价格的差距（即所谓“调”）这两个互相联系的过程来促进新旧体制的此长彼消。

（二）改革开放20周年对经济改革的特点、经验和教训的回顾[①]

1. 中国经济改革的特点

同苏联和东欧相比，中国的经济改革具有显著的特点。美国哈佛大学教授珀金斯（Dwight H. Perkins）提出了社会主义经济体制改革的亚洲类型（the Asian pattern of reform of socialist economic systems）。他认为，改革的亚洲类型具有

① 赵人伟. 对我国经济改革二十年的若干思考[J]. 经济社会体制比较，1999（3）.

以下三个特点[1]：

第一，经济改革优先于政治改革。

第二，亚洲的社会主义国家比苏联和东欧的社会主义国家要贫穷得多。

第三，在亚洲的社会主义国家，改革起步时多数人口从事农业，工业产出多来自中小企业。

他还指出，以上这三个特点是相互联系的。不过，就中国的具体社会经济情况来说，我认为中国的经济改革还可以加上另外三个特点（当然，这些特点同上面所说的特点也是密切相连的）。这些特点可以概括如下。

第一，从苏联学来的经济体制在国民经济的各个部分所起作用的强度是不一样的，作用强度最大的仅限于国民经济的主体部分，即工业化了的部分，而对分散的农业和小工业，控制的程度就要低一些。正如日本的石川滋（S. Ishikawa）教授所指出的，中国原来的经济体制虽然在广义上可以定义为“集中管理的实物计划资源配置体制”，但由于低收入等条件的影响，这个体制的作用范围只限于整个国民经济的一部分，剩下的是市场经济和习俗经济。[2]有的经济学家则把这一特点概括为计划经济的覆盖率比较低。这一特点为中国经济改革采取渐进方式和先打外围后攻坚提供了一个空间。

---

① Dwight H. Perkins. *Reforming the Economic Systems of Vietnam and Laos*[M]//Borje Ljunggren. *The Challenge of Reform in Indochina*. London：Chatham House，1993.

② 石川滋. 社会主义经济和中国的经验：对经济改革的展望[J]. 科技导报，1986（2）.

第二，中国经济改革的起点比苏联和东欧国家都要低。这是因为上述经济体制作为中国经济体制的主体在确立以后的20多年间（1956—1978）发生了若干的变异。改革（1978）前夕的经济体制比20多年以前初步确立时（1956）的经济体制在所有制上更为单一化，在经济决策上更为集中化，在经济流程上更为实物化（即在资源配置上更重视实物计划而排斥市场机制），在收入分配上更为平均主义化，在对外关系上更为封闭化，在经济组织的方式上更具动员（mobilized）的色彩。因此，中国改革前夕的经济体制尽管可以概称为传统的计划经济体制，但它却带有较多的军事共产主义的供给制因素。如果说，改革前的苏联和东欧各国的经济体制可以称为“典型的计划经济”（斯大林模式）的话，那么，改革前中国的经济体制则可以称为“准军事共产主义经济”的模式。这说明，中国经济改革的起点低于苏联和东欧各国。

以上仅就经济体制本身来看中国改革的起点。如果联系到体制以外的其他因素，诸如经济改革理论准备之不足以及下面我们就要分析到的经济发展水平低等，那么中国经济改革起点比较低就更为明显了。

第三，同苏联和东欧相比，中国的经济改革是同经济发展紧密地结合在一起的。改革以前的苏联和东欧，从总体上来说已经实现了工业化，属于发达国家，而中国则属于发展中国家。中国不仅在经济体制的转型（transition）上有一个从计划经济向市场经济的转变过程，而且在经济发展的转型（transformation）上有一个从习俗经济或自然经济（autarky economy）向市场经济的转变过程，有一个从二元经济（dual economy）向现代经济（modern economy）转变的过程。

2. 中国经济改革的经验和教训

中国的经济体制改革已经取得了举世瞩目的成就。就其大的方面来看，可以用几句话简单地概括如下：第一，在所有制方面，打破了“一大二公”的格局，初步形成了多种经济成分共同发展的多元化所有制结构；第二，市场机制在一些重要领域开始发挥基础性作用，竞争性市场体系的建设有了显著的进展，市场化的程度有了很大的提高；第三，在宏观经济管理方面，从直接调控向间接调控的转变取得了重要进展，通过财政、税收、金融、投资等体制的改革，以经济手段为主的间接调控体系已经初步形成；第四，劳动就业制度和收入分配制度也发生了重大的变化；第五，全方位、多层次的对外开放格局已经基本形成。

在中国的经济改革取得巨大进展的基础上，必然有许多成功的经验值得总结。在这里，我不揣冒昧地提出以下两点。

第一，改革和发展（增长）同步进行，两者互相促进。

许多专家认为，改革不论采取什么方式，在改革的最初阶段，生产水平和消费水平的下降是不可避免的，即改革的初始阶段必然会以牺牲经济增长为代价。美国芝加哥大学教授亚当·普沃斯基（Adam Przeworski）根据东欧和拉丁美洲的改革经验提出改革不管是采取激进的方式还是渐进的方式，生产和消费的下降是必然的，无非是激进方式下降得快、回升得也快（大落大起），而渐进方式则下降得慢、回升得也慢（小落小起）。[①]

然而，中国的经验则与上述情况相反，实现了改革和增长的同步进行，而且在一个相当长的时期内实现了经济的高速增长。在1978—1996年间，中国国民生产总值（GNP）的年平均增长率为9.8%，其中，1991—1996年间更高达11.8%。随后两年的增长率虽然略有下降，但20年来的年平均增长率仍在9%以上。中国的经济改革，无论是农村改革还是城市改革，每一项措施的出台，都着眼于改进激励机制以增大经济总量，在“做大蛋糕”的基础上再推动下一步的改革。农村家庭联产承包责任制的推行，农产品收购价格的改革，鼓励农村乡镇企业（TVEs）的发展，城市扩大国有企业的自主权，鼓励非国有经济的发展，外贸企业的外汇留成，经济特区的建立和发展，等等，无不如此。如果没有经济的高速增长，就不可能在一部分人先富裕起来（收入差距扩大）的同时，还使将近2亿人摆脱了贫困，使人民生活水平普遍地和大幅度地获得了提高。按照官方的统计，中国的贫困人口已经从1978年的2.5亿人下降到1996年的6000万人。关于经济增长、不平等和贫困之间的关系，世界银行的报告从国际比较的角度进行了分析。[②]可见，改革同增长之间互相促进，形成一种良性循环（virtuous circle）的关系，应该是中国经济改革迄今为止的一项成功的经验。

---

① Adam Przeworski. *Democracy and The Market: Political and Economic Reforms in Eastern Europe and Latin America*[M]. Cambridge：Cambridge University Press，1991.

② 世界银行. 1996年世界银行发展报告[M]. 北京：中国财政经济出版社，1996.

第二，渐进的转轨方式，有利于降低改革的成本和风险。

中国和外国的学者对于改革的渐进方式和激进方式孰优孰劣的问题，乃至中国经济改革是否应采取渐进方式的问题，都存在着不同的意见。在这里，我仅就中国迄今为止的经济改革方式提出一点看法。我认为，中国经济改革除了20世纪80年代初期农村家庭联产承包责任制的改革带有激进因素以外，总体上仍采取的是渐进方式。从1980年9月中共中央发布《关于进一步加强和完善农业生产责任制的几个问题》开始，到1982年秋短短的两年时间内，农村就以家庭联产承包责任制取代了人民公社的三级所有制，这可以说是激进改革，但这仅仅是农村改革的一部分。农村改革的其余部分，特别是价格改革，以及整个城市改革，应该说都是采取渐进的方式。根据中国的国情，这种渐进的转轨方式基本上是成功的。不仅许多中国学者，而且一些从总体上主张激进改革的外国学者，都认为中国的渐进改革方式是成功的。例如，美国哈佛大学教授杰·萨克斯（J. Sachs）是在苏联和东欧的一些国家推行激进改革方式（所谓“休克疗法”）的著名学者，但他于20世纪90年代初来中国讲学时也肯定了中国经济改革的渐进方式。又如，英国牛津大学教授布鲁斯（W. Brus）在80年代初来中国讲学时曾主张中国经济改革应采取“一揽子”（package）方式，即激进方式，以避免双轨价格这种“交通规则混乱”所带来的摩擦，然而，当他90年代初再次来华访问时，也认为中国经济改革的渐进方式是适合中国国情的。

那么，中国经济改革的渐进方式在哪些方面是成功的呢？我认为，从经济改革的两条主线（或两个主要方面）来看，主要是在价格改革中采取了“调放结合”的过渡方式和在所有制改革中采取了先打外围战的方式。在价格改革中采取“调放结合”的双轨过渡方式，一方面使计划内的价格通过不断调整逐步接近市场均衡水平，另一方面使计划外的市场价格在比重上不断扩大，最终实现向市场轨的合并。这种转轨方式虽然要付出双轨摩擦的成本或代价，但比起“一步到位”的价格改革或价格“闯关”来说，风险要小得多。在所有制改革中采取先打外围战的办法，让非国有的新工商业进入，既有利于改革所有制结构，让非国有经济的比重扩大，又有利于经济的增长。这种经常被人们称为“增量改革”（incremental reform）[①]的渐进方式，既符合中国原来的计划经济体制覆盖率低的特点，又切合中国从二元经济向现代经济过渡的发展水平，还体现了改革与经济增长同步进行的特色。

那么，中国的经济改革有哪些教训可以吸取呢？对此问题的回答，我非常赞同经济学界的老前辈、富有经验的经济学家薛暮桥的分析，即1988年的价格“闯关”和20世纪80年代中期至90年代初期对国有企业实行的承包制，是两个值得吸取的教训，他甚至称这两条为“改革的误区”。[②]我想简要地谈一下自己对这两个问题的看法。

① 樊纲. 中国经济体制改革的特征与趋势[M]//吴敬链. 渐进与激进——中国改革道路的选择. 北京：经济科学出版社，1996：11-22.

② 王燕臣，薛暮桥. 回忆中国改革曲折历程[J]. 经济学报，1998（42）.

（1）关于1988年夏季的价格“闯关”（shock therapy of price reform）。

被称为价格“闯关”的激进的价格改革方案是在1988年6月仓促推出的。当时对价格改革的指导思想是“长痛不如短痛”和“一步到位”。但是，当时我国的宏观经济形势相当紧张：通货膨胀的压力很大（当时的年通货膨胀率为18.5%），双轨价格的摩擦也很严重（该年是我国改革开放20年来计划价格同市场价格之间的差距最大的一年，例如，普通钢材的计划价格是每吨700元，而市场价格是每吨1800元）。在这种情况下，要绕过制止通货膨胀和缓解双轨价格的摩擦这两个条件去实行“一步到位”的价格“闯关”是脱离实际的。事实正是如此。8月间价格“闯关”的消息刚刚被媒体所透露，就发生了全国性的银行挤兑风潮和商店抢购风潮。这一风潮把主观设想的加快价格改革的方案冲得无影无踪。

这一次价格“闯关”的失败从反面再一次证明了价格改革“调放结合”的双轨过渡方式是可行的。当然，不能“一步到位”并不是不要到位，双轨过渡的目标就是要并轨，即实行市场轨。不过，我们似乎可以从上述教训中悟出一点道理来，即究竟双重价格并轨的条件是什么。我认为，并轨的条件至少需要以下三条：首先，计划内的价格通过不断的调整应该逐步接近市场均衡价格的水平，即双轨价格的差距不能太大，双轨摩擦的程度要大大降低；其次，通过价格形成机制的转换，市场轨价格的比重要扩大到相当的程度，即价格放开的部分已占较大的比例；最后，宏观经济形势不能太紧张，特别是通货的供求要比较适度。

（2）关于国有企业的承包制。

国有企业的承包制在1986年以前仅仅在一些地区和企业试行，1986年12月国务院推出《国务院关于深化企业改革增强企业活力的若干规定》以后，承包制在全国全面推开，其基本内容是“包死基数，确保上交，超收多留，欠收自补”。其间经历了两轮承包（每轮大约3年）。1992年7月国务院公布了《全民所有制工业企业转换经营机制条例》，提出将企业推向市场；1993年11月中共十四届三中全会通过了《中共中央关于建立社会主义市场经济体制若干问题的决定》，提出建立现代企业制度。此后，国有企业的承包制也就变成了历史。

对于国有企业的承包制，经济学文献中出现过以下三种不同的评价：第一种是评价很高，甚至把它当作改革的战略方向；第二种是评价一般，仅仅把它当作国有企业改革的一个阶段；第三种是评价很低，甚至把它当作改革的“误区”。上述薛暮桥先生的评价属于第三种。

我完全赞同薛老的评价，理由如下。第一，在机制的设置上，承包制强化的是企业和政府之间纵向的（vertical）一对一的讨价还价（bargaining）关系或谈判关系，而不是企业与企业之间横向的（horizontal）多个市场主体之间的平等竞争（competition）关系，这种机制设置从根本上来说是不符合市场取向的改革方向的。恰恰相反，它倒是承袭了计划经济中企业和政府之间的讨价还价关系，无非计划经济中争的是投入和产出的各项指标，承包制中争的是上缴利润的基数。第二，在国家和企业之间的利益关系上，从短期来看，国家似乎可以得到稳定的财政收入，但从长期来看，国家总是吃亏的。因为，在企业与政府部门的谈判中，对于承包基数的确定，并没有一套比较规范的标准，在谈判中，企业有利益驱动，而政府部门的干部没有责任的约束，因此在承包的过程中，普遍出现了企业负盈不负亏的状况，而这种状况恰恰成为国有资产流失的原因之一。于是，承包制名义上是实行所有权和经营权的分离，维护全民所有制的财产，但实际上是掏空了国家的财产。有人说这是“静悄悄的私有化”（silent privatization）。这不是有违于维护全民所有制财产的初衷吗？后来的事实也证明，随着国有资产的流失和企业亏损面的扩大，承包制也难以继续维持下去。

正如薛老所指出的，“国企改革的方向和重点应逐步转向政企分开和国企的制度创新上来。国企应成为独立核算、自主经营、自负盈亏、平等竞争、优胜劣汰的商品生产者和经营者，而承包制是解决不了这些问题的，因而延误了国企改革的时机”。我认为，这是对国有企业承包制认知失误的一个科学总结。

（三）改革开放30周年对经济改革的思考或断想

在改革开放30周年时，我在上述对20周年所作回顾的基础上，对进一步深化改革所面临的问题提出了若干思考和断想。[①]我提出了六个值得进一步思考的问题，其中，关于如

① 赵人伟. 经济转型和民生[M]. 北京：中国社会科学出版社，2015.

何解决收入差距过大的问题和如何正确发挥市场的功能和政府的功能的问题已经在前面论述，现仅将其他四个问题列举如下。

1. 我们现在离改革的目标还有多远

30年来，国内外的经济学家对中国经济改革的目标进行过许多研究和讨论，官方的文件中对我国经济改革的目标也进行过一步比一步更加明确的表述。官方的表述以如下三次最为明确：第一次是1984年党的十二届三中全会，把我国经济改革的目标定为“有计划的商品经济”；第二次是党的十三大，把我国经济改革的目标定为“国家调控市场，市场引导企业”；第三次是党的十四大，把我国经济改革的目标定为“社会主义市场经济”。这三次表述的变化反映了从计划经济向市场经济转型的变化。国外经济学家对我国经济改革目标的研究以1985年的“巴山轮会议”的成果最为突出。如前所述，科尔奈在“巴山轮会议”上把宏观经济管理中的经济协调机制分为两种类型，一种是行政协调机制，另一种是市场协调机制。在这两种协调机制中，每一种类型又有两种具体形态。行政协调分为直接的行政协调（ⅠA）和间接的行政协调（ⅠB）；市场协调分为没有宏观控制的市场协调（ⅡA）和有宏观控制的市场协调（ⅡB）。真正有效的改革应当把ⅡB作为目标模式。在改革过程中，从ⅠA走出来以后，往往会走到ⅠB。科尔奈说，走到ⅠB模式，作为一种过渡是可以的，但也存在着在ⅠB停留下来的危险。因此，中国的改革应该坚持不懈，即使需要经过ⅠB模式，也千万不要忘记ⅡB这个真正的目标。与会的专家大都沿用科尔奈教授的划分进行讨论，而且原则上也同意将ⅡB模式作为改革的目标。布鲁斯对中国把ⅡB模式作为经济改革的目标没有提出不同看法，不过，他对中国经济改革的起点则提出了自己的独到见解。他说，中国经济改革起点不是ⅠA，而是半个ⅠA。在中国的经济改革之初，有一些方面连ⅠA也没有达到，例如，中国没有劳动力市场，这是同东欧国家不同的。这个观点同布鲁斯在1980年来华讲学时所说的中国经济改革的起点是“准军事共产主义经济模式”（有别于苏联和东欧改革的起点是“典型的计划经济模式”或“斯大林模式”）的观点是一致的。因此，布鲁斯说，中国的经济改革从半个ⅠA到ⅡB“是一次真正的长征”。

1985年的“巴山轮会议”至改革开放30周年已经有23年，从1992年确立社会主义市场经济的改革目标算起，我国的经济改革又进行了16个年头，但是，我们还不能说改革的目标已经实现、从计划经济向市场经济的转型已经完成。从间接调控手段的运用、间接调控条件的建立、市场体系的培育、企业产权的明晰、政企功能的分开、行政性垄断的消除等各个方面来看，我们离市场经济的目标，或者说，离“巴山轮会议”所讨论的ⅡB模式的目标仍然有相当大的距离。布鲁斯说，中国的经济改革是从半个ⅠA开始的，到了今天，能否说我们也只不过是走到半个ⅡB呢？看来，只有认识到“改革尚未成功”，我们才能为下一步的改革作出更具体的部署和更大的努力。

2. 应该如何总结和评估渐进方式所带来的成本上升的风险

应该说，在“巴山轮会议”上，中外学者对于经济转轨的渐进方式和与之相应的双重体制并存的问题已经大体上取得了共识，即渐进的转轨方式和双轨并存是为了避免改革中的激剧震荡和降低改革的成本，但这种方式必然带来各种摩擦，因此，双轨并存的局面不能维持得太久。

回顾30年来的经济改革，总体来说我国采取的是渐进方式，只有20世纪80年代初的农村改革和1988年的价格“闯关”具有激进的因素。其中，农村改革是成功的案例，而1988年的价格“闯关”则是失败的案例。至于渐进改革中所出现的商品价格双轨制，包括生产资料的价格双轨制，到90年代中期前后已经结束。这是由于到了90年代的中期，供求关系已经日趋均衡，加上多年来在价格改革中采取了“一调二放”的方针和措施，两种价格之间的差距日益缩小，因此比较顺利地实现了双重价格的并轨，这应该说是我国双轨过渡的一个显著的成就。通过双轨过渡的渐进方式是为了降低改革的成本或代价。总结30年来的经验，我们已经在降低改革的成本方面取得了显著的成绩，但是，从20世纪90年代以来，我们也付出了一些过高的代价，换言之，我们付出了一些可以不必付出的代价，下面仅举几个实例。

实例一：上述城乡居民收入差距的扩大就很难说是由发展的因素所引起的，而是过多地沿用了改革以前的体制和政策所造成的。比如城乡分割的户口制度在很大程度上一直沿用至今，对农村居民的净税收政策和对城市居民的净补贴政策直到近年来才有较明显的改变。这些制度因素和政策因素都不利于缩小城乡居民的收入差距。

实例二：在20世纪90年代以来的房地产开发过程中，土地从无价变高价，发生了土地买卖中的“设租”活动，使一部分人从土地买卖中获得了超常的利益。众所周知，在20世纪80年代实行价格双轨制的条件下产生了“寻租”活动。如果说，“寻租”活动中所造成的租金流失是为了避免价格“闯关”带来的过度震荡从而在一定程度上付出了必要的代价的话，那么，房地产开发中的“设租”活动所造成的租金流失则并不是非付不可的代价，而是一种可以不付的、过高的代价。

实例三：我国的公务车使用一直沿用传统体制下所形成的老办法，这种办法所造成的浪费和特权是人所共知的。按照渐进改革的理论，渐进改革是一种“增量改革”，即存量按老体制的规则运行，增量则按新体制的规则运行。改革开放30年来，我国的公务用车数量翻了好几倍，但新增的公务车仍然按老体制运行。尽管1998年国务院曾经拟定了公车使用货币化改革的方案，但由于各种原因，推行效果不尽如人意。显然，长期沿用老办法并不符合渐进改革的要求，也不符合公平分配的要求。

即使我们把视野从产品价格扩展到劳动力价格即工资的形成机制，其中的双轨制问题也没有解决。由于中国的特殊国情和历史背景，长期以来，在消费品分配方式上，除了货币工资的方式以外，一直在不同程度上保留了实物供给的方式，也就是人们通常所说的除了工资制以外，还保留了部分的供给制因素。这些供给制因素特别表现在汽车、住房等较高档次的消费项目上面，这些实物供给因素都要加以工资化和货币化，仍然是一项艰巨的任务。

劳动价格的扭曲还会带来其他价格的扭曲。在医疗领域，医疗服务价格的偏低和药品（改头换面的新药）价格的偏高以及由此而产生的“以药补医”的现象就是这种扭曲的具体表现。

同渐进改革和双轨过渡有密切关联的是“寻租”活动和租金收入的问题。目前学术界对租金总量和灰色收入有各种各样的估计。例如，有的学者估计，1988年因价格双轨制而引起的租金总量为3569亿元，占当年国民收入的30%；[①]还有的学者估计，2005年全国城乡居民收入总和大约是13.5万亿元，而根据官方数据推算的此项收入为8.7万亿元，前者比后者高出4.8万亿元，相当于当年GDP的26%，其中，绝大部分属于灰色收入。[②]不过，学术界对上述估计在数据的可靠性和方法的科学性上都提出了质疑。虽然没有一个人能证明自己的计算是准确的，但也没有一个人能否定上述租金和灰色收入的数额是庞大的。

改革采取渐进方式的本意是为了降低改革的成本，但是，渐进方式同时也存在着改革成本上升的风险。在总结改革30年经验的时候，我们是否应该考虑一下如何防止和克服改革成本上升的问题呢？

3. 应该如何进一步培育要素市场

30年来，我们在商品市场的培育方面已经取得了长足的进步，无论是消费品还是生产资料，总体来说已经实现了市场化。然而，在要素市场的培育方面，虽然也有若干进展，

① 胡和立. 1988年我国租金价值的估算[J]. 经济社会体制比较，1989（5）.

② 王小鲁. 灰色收入与居民收入差距[J]. 比较，2007（31）.

但仍然有很大的差距。

早在1985年举行的“巴山轮会议”上，中外经济学家就讨论过如何建立资本市场的问题。不过，当时许多外国经济学家对于资本市场一般都暂时避开股票市场而只提到债券市场，指出发展债券市场可以使人们在银行存款和政府债券之间进行选择。后来的改革和发展证明，人们不仅可以在存款和债券之间进行选择，还可以选择股票。尽管股票市场的不确定因素还很多，但走到了这一步，不能不说是在培育资本市场方面所取得的重大进步。

在这里，我想针对培育劳动力市场和土地市场问题谈几点看法。

改革开放以来，中国在容许劳动力流动方面已经取得了长足的进步，但是，劳动力流动中有形的和无形的地区封锁、部门分割的问题仍然存在。这种状态必然导致工资在形成的过程中排斥市场机制的作用，使得同工不同酬的现象普遍存在。

这种状况的存在，不仅影响劳动报酬形成中的客观性和科学性，而且影响劳动报酬和资本报酬之间的合理关系。上文中我们曾经从居民个人的角度谈到劳动收入和财产收入的关系，现在又遇到从培育市场体系的角度分析如何处理劳动报酬和资本报酬的关系。由此看来，十七大报告所指出的要“提高劳动报酬在初次分配中的比重”是有针对性的。这说明，在GDP高速增长、企业利润和国家财政收入都大幅度提高的情况下，绝不能忽视劳动收入的相应提高，只有这样，才能使广大劳动群众都能共享改革开放的成果。进一步来说，用压低职工工资或劳动者收入的办法来提高企业的利润并不利于发挥劳动者的积极性和提高经济效率；只有在企业利润的增长同劳动者收入的增长之间建立起一种平衡的关系，才符合建设以人为本的和谐社会的要求。而要做到这一点，就必须在培育资本市场的同时培育劳动力市场。可以这么说，一个同资本市场并存的、比较健全的劳动力市场，是劳动者获取自身正当权益的重要前提。

培育要素市场中的一个新问题和难题是如何培育土地市场。20世纪90年代以来的房地产开发中，土地的买卖就遇到了土地市场极不规范的问题。在从计划经济向市场经济转轨的过程中，土地从无价变成高价，然而，农民作为土地的所有者（即使是集体所有）并没有从土地的流转和土地的升值中得到应有的利益。土地的买价和卖价之间有一个巨大的差额，从而形成一个巨大的获利空间。如果说，80年代的产品价格双轨制的获利空间一般是低价的0.5倍至1倍的话，那么，90年代以来土地交易中的获利空间往往是数倍、数十倍乃至更大。正如有的学者所说的，80年代的产品价格双轨制是“寻租”活动的温床，而90年代以来的土地价格双轨制本身就是一种“设租”活动。既然我们能够在不太长的时间内实现产品价格双轨制的并轨，为什么就不能尽早地消除这种损伤群众利益，尤其是损伤农民利益的“设租”活动呢？

4. 如何处理拨乱反正和改革开放的关系

中国的改革开放是在经历了“文革”的十年动乱、国民经济处于濒临崩溃的情况下提出来的。当时的政策文件中和经济学文献中，常常把改革开放和拨乱反正当作相似的任务相提并论，有人则索性把拨乱反正等同于改革开放。记得20世纪80年代初，中国有的经济学家在向国外的经济学家介绍中国的改革开放情况时，往往把20世纪50年代当作中国经济体制的黄金时代，具体来说，是把1956年和1965年这两个时间点当作中国经济体制的黄金时代。难怪当时有的外国经济学家说："你们既然把50年代当作黄金时代，只要恢复到50年代就可以了，何必提出改革任务呢？"

可见，这里向我们提出了改革开放同拨乱反正的异同问题，或两者的区别和联系问题。在十年动乱刚刚结束的情况下，人们很自然地会提出拨乱反正的要求。所谓拨乱反正，就是"治理混乱的局面，使恢复正常"①。当时提出改革开放和拨乱反正，其共同点都是要治理"文革"造成的混乱局面。但两者也有不同点：改革开放是要在治理混乱的基础上探索一条新的路子；拨乱反正则要求在治理混乱的基础上"恢复正常"。

这里又向我们提出了一个问题，即究竟什么是"正常"？依我看，我们不妨把"正常"分解为"积极的正常"和"消极的正常"两种。这一分解的灵感来自有的经济学家把货币分解为"积极的货币"和"消极的货币"。其含义是：在市场经济的条件下，价格的高低、支付货币的多少构成选择的基础，即价格决定买不买和卖多少，这时的货币是"积极的货币"；反之，在计划经济的条件下，配置资源是按实物形态进行的，价格的高低、支付货币的多少并不构成

① 中国社会科学院语言研究所词典编辑室. 现代汉语词典[Z]. 7版. 北京：商务印书馆，2016：97.

选择的基础，价格和货币只不过是计算的符号，这时的货币是“消极的货币”。借此，我们可以这样来分析：消极的正常仅仅是恢复到历史上的某种正常状态；而积极的正常并不是简单地恢复到过去，而是要有创新。具体来说，就是在拨“文革”之乱时能够举一反三，进一步扬弃以高度集中和实物配置资源为特征的计划经济体制本身。当然，问题并不在于“计划”这个词不好，而在于这一体制是低效率和不可持续的。可见，我们认同的是积极意义上的拨乱反正，因为只有这一意义上的拨乱反正才是符合改革开放的大方向的。

综观人类文明发展的历史，欧洲14世纪至16世纪的文艺复兴是为了结束中世纪的黑暗，但并不是简单地回到过去，而是要探索新的未来。所以，文艺复兴的英文词“Renaissance”的含义是新生、再生、复活和复兴。被誉为中国的文艺复兴的五四运动也常常被解释成“新生”的运动，因为这一运动提出了民主与科学的口号和反帝反封建的目标。中国自1978年开始的改革开放是在中华大地上实现祖国现代化梦想的伟大创举，如果一定要把这一创举同拨乱反正相提并论的话，那么，这只能是积极的“反正”，只能是使中华民族复兴和新生的“反正”。

在探讨拨乱反正和改革开放的关系时，我们还可以联想到“温故”和“知新”的关系。总结改革开放的经验教训固然是一种“温故”，但其目标仍然是“知新”或创新，即要在总结经验教训的基础上更好地推进今后的改革开放事业。

四 社会保障和福利体系问题的探索

21世纪初，我把研究适度地拓展到了社会保障领域。社会保障问题涉及收入的再分配，因此，这一领域的研究可以说是上述收入分配问题研究的自然延伸。我国社会保障问题同发达国家的社会保障问题既有很大的差别，也有共同点。发达国家，特别是像瑞典这样的福利国家，也面临着福利制度的转型问题。把我国的社会保障体系的改革同瑞典这样的福利国家的福利制度的转型进行比较研究也是很有意义的，因此，我启动了一个课题，着力于在比较中探讨我国社会保障体制的改革和建设。

（一）在比较分析中看我国社会保障体制改革的复杂性

1. 以瑞典为代表的福利国家的转型

瑞典是福利国家的橱窗。以瑞典为例，福利国家的成就可以简单地概括为“五高”“一低”“一无”。所谓“五高”，就是高均等、高税收、高福利、高调节和高开放；所谓“一低”，就是低失业；所谓“一无”，就是无贫困。然而，福利国家在经历了不很长的繁荣以后就陷入了危机，从20世纪70年代中期以后就掀起了改革或转型的浪潮。许多学者指出，福利国家的危机是一种制度性危机。这种制度性危机表现在许多方面。

第一，过度慷慨的福利制度安排造成福利的增长超过经济的增长，使经济实力无法继续承担其福利开支。

第二，福利国家的制度安排对劳动积极性不起激励作用，反而起抑制或反激励（disincentive）的作用。

第三，过度的福利造成“福利欺诈”和“福利依赖”。

第四，高福利和高补贴必然导致高税收和高物价。

第五，过度的福利制度安排必然影响宏观经济的稳定，同时也损害经济效率和经济增长。

正因为如此，福利国家多年来对福利制度进行了改革，以解决福利的滥用问题。最令人瞩目的改革是机制设计上的改革，诸如改变政府的单一福利为混合福利，改变社会保障的收益规则为“工作福利”等。此外，还采取了一系列具体措施，诸如降低福利水平，减少税收，延长退休年限，等等。

2. 福利国家的转型同我国社会保障体制改革的异同

从大的背景来说，西方福利国家的转型同我国社会保障体系的改革的经济体制背景和经济发展程度背景都有很大的差别。

从经济体制背景来说，西方福利国家的福利体系是建立在市场经济的基础上的，而我国的社会保障体系在改革以前是建立在计划经济的基础上的。因此，福利国家的转型是在市场经济的总体框架不变的基础上进行福利制度安排上的改变，而我国社会保障体系的改革是以整个经济体制从计划经济向市场经济的转变为背景的。

再从经济发展程度背景来说，西方发达的福利国家早已实现了工业化，所处的是后工业社会的发展阶段，而我国则正处在实现工业化的进程之中，经济的二元结构还非常明显，而且城市化的进程还落后于工业化的进程。发展水平的差异，必然会对福利水平和社会保障的覆盖率带来很大的影响。由于发展水平和产业结构的差异，就业的压力、收入差距的压力、国际竞争的压力等也会呈现出明显的差异，而这些压力的差异，必然会对社会保障提出不同的需求。就以就业压力和收入差距压力来说，我国现阶段面临着农业劳动力向第二和第三产业转移的重大压力，而西方发达的福利国家已不存在这个问题。

如果我们进一步扩大视野，把东欧后社会主义国家福利制度的改革及其背景也纳入考察和比较的行列，那么，我们可以发现：在中国、东欧国家和OECD国家这三类国家中，东欧国家已实现了工业化，不存在二元经济结构，从而没有经济发展转型的问题，但同中国一样，仍然有经济体制转型的问题；OECD国家则既没有经济发展转型问题，又没有经济体制转型问题，只有福利制度转型的问题；中国是三种转型兼而有之。可见，就福利制度转型的大背景来说，中国是最为复杂的，东欧国家次之，OECD国家则相对来说最为简单。

以上是对这两种社会保障体系背景的差异所作的分析，下面则是对这两种社会保障体系本身的异同进行比较分析。

从相异的方面来说，可以择要列出以下几条。

（1）覆盖面和公平性不同。

西方发达的福利国家强调福利的普遍性原则，像瑞典、英国等国家的福利安排都是覆盖全体居民的，而且保障的范围广、水平高，是一种“从摇篮到坟墓”的福利制度；而我国从社会保障体系的建立开始就侧重于城市，在城市又侧重于全民所有制部门，即国有的企事业单位和行政部门。毫无疑问，我国社会保障体系的覆盖面小是同发展水平低密切相关的。但是同时应该看到，这同长期以来城乡分割的体制和政策因素也有密切的关系，像城乡分割的户籍制度，就在享用各种福利和补贴制度方面给城乡居民之间设置一道屏障。

因此，如果说发达福利国家的福利安排存在着慷慨“过度”的现象的话，那么，我国传统体制所造成的福利安排则存在着“过度”和“不足”两种现象并存的复杂局面。我国社会保障体系以城市和农村为界限划分为明显的两个板块，而在城市内部，社会保障体制也存在着制度性分割的问题，如国有企业和非国有企业之间、特权阶层和非特权阶层之间的制度性分割。福利制度的这种二元结构乃至多元结构，必然造成结构顶端的福利浪费和过度以及结构底层的福利不足。正如有的学者所指出的，这样一种福利结构，不但造成效率缺失，而且造成公平缺失。显然，我国福利制度的这种复杂结构给社会保障体制的改革和建设带来了很大的困难。不过，我们完全可以分解出两个不同的侧面，如果说，因经济发展水平的二元结构所引起的福利制度的二元结构必须主要通过经济发展才能最终加以解决的话，那么，被计划经济体制所强化了的福利制度的多元结构和制度性分割则必须主要通过改革来解决。

（2）社会化的程度不同。

如前所述，发达的福利国家的社会保障的社会化程度是很高的，有的国家甚至把应由家庭承担的责任也加以社会化了。我国社会保障体系的建立之初，就其覆盖的范围，社会化的程度也是相当高的，也就是列入前文所说的统收统支的范围之内。但是，随着时间的推移，却产生了越来越严重的"单位化"倾向。这种情况最早发生在"文革"初期。"文革"的发生打破了企业正常的缴费机制，使社会保险制度无法正常运转，因此，财政部不得不于1969年2月发出有关通知，要求"国有企业一律停止提取劳动保险金，企业的退休职工、长期病号工资和其他劳保开支在营业外列支"，其结果是使社会保险微观化为企业保险、单位保险，使社会保险因统筹职能的丧失而丧失了其应有的社会性和互济性的功能。这种单位化倾向不仅加大了单位之间在保险待遇上的不平均，而且恶化了职工在养老金筹资和给付上的代际冲突。社会保险单位化倾向的延续后来成为单位办社会的一个重要组成部分，职工在某种意义上也从"社会人"变成了"单位人"。因此，在我国20世纪80年代以来的社会保障体制改革中，如何变"单位化"为"社会化"，变"单位人"为"社会人"，就成为改革中的一大特色和难题。

（3）面临老龄化挑战的程度不同。

无论是西方发达的福利国家还是中国，都面临着老龄化的挑战。但是，我国所面临的挑战要严峻得多，这主要表现在两个方面。第一，老龄化的速度快。我国由于20世纪50年代的高出生率和80年代以来的计划生育使人口的年龄结构在过去的半个多世纪中从金字塔型迅速地向梯形转变，今后几十年这一趋势还将继续保持。第二，未发达，先老龄化。一般来说，在发展中国家，由于出生率和死亡率较高，平均寿命不长，人口的年龄结构比较年轻，养老金支出的负担也较轻；在发达国家，则由于出生率和死亡率都较低，平均寿命较长，人口的年龄结构比较老化，养老金支付的负担也比较沉重。我国虽然还是发展中国家，但由于计划生育政策的推行和医疗卫生条件的改善，出生率和死亡率都比较低，平均寿命也显著延长，因此，遇到了未发达，先老龄化的问题，即所谓“未富先老”的问题。人口老龄化给养老金支付所带来的压力将日益加大。

毫无疑问，即使就福利制度本身来说，两者也存在着许多相同或相似的问题。

例如，都存在着福利欺诈和福利依赖的问题。虽然我国社会保障体系的覆盖面要小得多，但是，就在这有限的范围内，同样存在着福利和补贴的滥用、福利欺诈和福利依赖等问题，因为这种吃“大锅饭”的福利机制的设计本身就只有单向的需求膨胀机制，而缺乏反向的供给约束机制，必然会引发道德问题。如果说，有些国家把“泡病号”作为福利欺诈的典型事例的话，那么，我们的名堂也绝不少：不是药品也当药品卖呀，家属的住宿费也当病人的住院费在公费医疗中报销呀，诸如此类的新闻可以说是俯拾即是。初闻此类新闻时，人们还有所震动乃至义愤，但是，久而久之，也就见怪不怪，变得麻木起来了。于是，“自然病”同“社会道德病”交织在一起；而在“社会道德病”中，“欺诈病”又同“麻木病”交织在一起。试问，这样的病不治行吗？

又如，都存在着对劳动积极性的反激励和收入的隐性转移问题。如上所述，有些国家是从“同工同酬”演化成“对所有的工作付相同的报酬”；我们是从“同工同酬”演化成

“干多干少一个样，干好干坏一个样，干和不干一个样”。应该说，这种演化都是由福利机制设计的内在缺陷所造成的。当然，有些国家对这种反激励给劳动力市场带来的负面影响以及给经济效率带来的损失有比较具体的研究，而我们迄今还缺乏这方面的深入研究。至于收入的隐性转移，在转型以前，有些国家是就高不就低，即对非熟练工作者付高报酬，发生了从高工资工作者向低工资工作者的收入转移；我们则是就低不就高，即对熟练工作者付低报酬，也发生了类似的收入转移，无非是通过事先扣除和暗补等更加隐蔽的形式进行。

再如，都存在着政府所承担的责任和风险过大以及福利支付上的危机。如前所述，像瑞典那样的高福利和高税收的国家，政府承担过多的收入再分配的责任，而企业和个人则可以吃“大锅饭”，结果，瑞典即使公共开支高达GDP的70%也还是发生了严重的财政赤字。在我国，上述单位化倾向的发端固然是在“文革”的动乱年代，但为什么这种单位化倾向不但没有随“文革”的终止而终止，反而愈演愈烈呢？显然，深层次的原因是政府包揽的福利开支已经难以为继，难以实现其统收统支的承诺，发生了支付危机，于是不得不把责任下放给了企业或单位。可见，所谓的“单位化”，其实质是在“社会化”的承诺无法实现的情况下的一种蜕变性的权宜之计而已。

（二）我国社会保障体制改革和建设应该遵循的一些基本原则

1. 个人责任和社会互济相结合

根据福利国家以往由政府包揽的责任过大和承担的风险过多而个人几乎不承担什么责任和风险的教训，学者们提出的各种改革方案都指出了加强个人在福利事务中的责任问题。科尔奈认为，“福利国家的改革应该在首先确立个人自主性和责任感的新文化的基础上进行”。[①]用我们习惯的和通俗的语言来说，就是打破“大锅饭”。如果说，增强个人的自主性和责任感是一种新文化的话，那么，吃“大锅饭”就是一种旧文化。福利国家转型中强调的“工作福利”（workfare）就是要把享受的福利保障同个人的工作贡献联系起来。改革中的“三支柱”模式，特别是其中建立在缴费基础上的个人账户积累制，也是要把未来的福利享受同今日的强制性储蓄贡献联系起来。

不过，这样一种联系并不是机械地对等的。由于福利的互济性和风险的共担性，不能要求权利和义务在个人层次上的完全一致或机械均等。这里，仍然需要政府的介入和发挥其在收入再分配上的有效功能，以便那些有困难的人和处于不利地位的人能得到社会的帮助。

如果我们对这一原则的两个方面作更加细致的考察，似乎又可以分为以下两个层次：从个人这一面来说，可以分为个人自主权（sovereignty）和个人责任（responsibility）这两

---

① 雅诺什·科尔奈，翁笙和. 转轨中的福利、选择和一致性——东欧国家卫生部门改革[M]. 北京：中信出版社，2003.

个层次；从社会这一面来说，则可以分为社会的关怀、互济、团结和政府的责任这两个层次。从改革或转型的总趋势来说，都是要增强个人的自主权和责任心，反对和克服把责任都往社会和政府身上推的倾向；但是又不能放弃社会和政府应有的责任。

2. 保障水平同经济水平相适应

社会保障从根本上来说是对收入的一种再分配，可供再分配资源的多少则取决于经济发展的水平，即国民收入的总量或人均国民收入的水平。可见，社会保障水平同经济发展水平之间的关系是源与流的关系。然而，福利国家的经验表明，福利制度或社会保障制度一旦确立，就往往因为既得利益的驱动而使保障水平有不断膨胀的趋势，从而使保障水平脱离了经济发展水平，搅乱了源与流的关系，使社会保障变成无源之水或无本之木。20世纪70年代福利国家的危机就是在这种情况下发生的。因此，改革中人们都在纷纷探讨如何恢复或建立两者之间的平衡关系。

为了使社会保障水平同经济发展水平相适应，人们都在探讨如何把开源和节流这两个方面结合起来。看来，最根本的是要在经济增长同社会保障之间建立起一种互相促进的良性循环关系，要避免两者之间互相拖后腿的恶性循环关系。经济增长是社会保障的物质基础，它决定着社会保障的水平和范围，这是毋庸赘述的。人们关注得最多的是什么样的社会保障机制，特别是其筹资机制，最有利于促进经济的增长。就以养老金的筹资模式来说，为什么世界各国，包括我国在内，都在探索从现收现付制向基金积累制和部分基金积累制（混合制）转换呢？其根本的原因就是现收现付制无法形成稳定的资金积累，并且对个人储蓄产生排挤效应，从而使经济增长的效应趋弱。基金积累制或部分基金积累制则有利于人们在工作期间形成庞大的资金积累，并且对个人储蓄不产生排挤效应，具体来说，就是不会在强制储蓄和自愿储蓄之间产生明显的替代效应，人们仍然有个人自愿储蓄的偏好，这些都有利于促进经济的增长。

3. 以人为本

社会经济的发展要以人为本，即要以实现人的自由和全面的发展为最终目标。社会保障体系的建立和发展，也是以实现这样一个目标为原则的。现代福利国家强调要保证每一个公民最低标准的收入、营养、保健、教育和住房，认为公民享受这些服务是属于公民的基本政治权利而不是接受施舍。

无论是以瑞典为代表的西方发达福利国家的福利普遍性原则，还是我国近年来在社会保障体制改革中所强调的广覆盖原则，都体现了上述以人为本的精神，公平和效率相结合中的公平，也体现了以人为本的精神。进一步来说，公平要以效率为前提，人的自由和全面的发展要以人自身的努力（表现为效率的提高）为前提。因此，从广义来说，公平和效率的结合、权利和义务的对应，也都体现了以人为本的精神。

当然，实现以人为本的原则并不是一件一蹴而就的事情，而是一件“千里之行始于足下”的事情。就以广覆盖来说，上述我国传统体制下形成的社会保障体系的二元结构是实现广覆盖原则的一大障碍。这种二元结构固然有一部分是受制于经济发展的水平，要随着经济发展水平的逐步提高才能逐步解决，但是也有一部分是制度性和政策性因素所造成的，完全可以通过体制改革和政策调整来解决。比如限制人口流动特别是限制农民进城的户口制度，离土不离乡、进厂不进城的政策，都属于制度性和政策性因素。这些因素在改革中已经有了不少的变化，但改革的速度仍然是相对迟缓的。例如，我国的城市化进程严重滞后于工业化的进程就是这种制度性和政策性改革迟缓的一个重要表现。如果让离土又离乡的劳动大军早日进入城市的正式部门，就将大大地促进社会保障覆盖面的扩大。

4. 从总体出发

正如收入分配是整个社会经济系统中的子系统一样，收入的再分配和社会保障体系也是整个社会经济系统中的子系统。社会保障体系的改革和建设必然同整个经济系统联系在一起，因此，在社会保障体系的改革和建设中，就保障论保障是论不通的，必须从大处着眼，从总体出发，从小处着手，才能解决社会保障中的一系列问题。

社会保障同宏观经济中的许多经济变量，如经济增长的程度、就业率和失业率、通货膨胀的程度等有密切的关联，同政府的收入再分配功能，特别是其中的税收和补贴的功能也有密切的联系。社会保障中的各种福利措施对劳动力市场的影响是多方面的——不仅影响对劳动力的激励和反激励，而且影响劳动力的供给和需求，甚至影响劳动力的流动；福利的程度和机制还影响居民的储蓄和投资的行为乃至资本市场的运作；在微观层面，社会保障中的企业缴费率还会直接影响企业的盈利能力和企业的经营业绩；在国际层面，福利制度还通过竞争能力等因素同经济全球化的影响联系在一起。因此，我们必须从中汲取教训，在福利制度的安排同保持国际竞争能力之间取得一种平衡。可见，社会保障体制的改革和建设是一件既综合又具体的任务，如果不从总体出发，而是就保障论保障，甚至仅仅局限于应付支付危机，那就只能陷入捉襟见肘乃至挖东墙补西墙的窘境。

（三）我国建立新型社会保障体系的基本思路

1. 关于广覆盖

一些经济学文献认为，经过改革开放以来的努力，我国社会保障体系的基本框架已经形成。但是，从广覆盖的要求来看，目前已经形成的基本框架仍具有较大的局限性，最突出的问题是农村社会保障的缺失。在社会保障体系的框架设计中，应该增加农村社会保障的内容，只有这样，才符合广覆盖、社会化等基本要求。因此，我认为有必要从两个方向上努力：一是要改变对农村社会保障问题的一些不够全面的看法（或偏见），如家庭就是保障、土地就是保障等；二是要正确发挥政府在收入再分配上的功能，增加对农村社会保障的经济支持。如果说，像瑞典家庭服务的过度社会化是一个极端的话，那么，我们在农村的养老保障等问题上，则要防止另一个极端，即固守家庭自然养老的状态，不重视随着经济的发展和社会的进步增加社会化和共济性的因素。

在探讨社会保障覆盖面的问题时，不仅要认真研究农民的社会保障问题，而且要认真研究在工业化、城市化进程中逐步脱离农业的非农就业人员的社会保障问题。这些非农就业人员，既是一个不断壮大的群体，又是一个处在变动中的群体，还是一个难以在短期内完全融入城市社会保障体系的群体，人们称之为“边缘群体”。研究这个群体的社会保障问题，理所当然地应该成为广覆盖研究中提上日程的问题。

当然，在新型社会保障体系的设计中，仅仅提出广覆盖的目标是远远不够的。由于经济发展水平的限制，广覆盖必然受多层次和低水平的制约。

2. 关于多层次

如果说，广覆盖是要解决公平性问题的话，那么多层次所要解决的则是承认差别的问题。

即使是已经建立了城乡一体化的、统一的社会保障体系的国家，在改革中也在向多层次的方向发展，我们不妨称之为“一体化中的多层次”。最为明显的就是在改革中把养老保险和医疗保险都明确地区分为基本保险和补充保险（或叫辅助保险）两部分——基本部分满足普遍的需要，体现公平性；补充部分满足一部分人较高的需要，体现差别性。西方发达的福利国家和东欧国家社会保障体制的改革都在朝着这个方向进行，我们完全可以从中得到借鉴和启示。

在我国，不仅在原覆盖范围内的社会保障项目应该朝着多层次的方向改革，而且在原覆盖范围外新拓展的社会保障领域更应该在一开始就体现多层次和差别性。就以原覆盖范围内养老保险的改革来说，在改革的设计中确实是要严格区分基本保险和补充保险两个部分，以体现多层次，但实践中却是基本保险部分进展迅速，而补充保险部分远远滞后。

多层次实际上还体现在社会统筹的分层次上面。由于县级统筹难以体现社会的共济性，而全国统筹又无法体现地区的差别性，所以目前推行的是省级统筹。有的学者则提出在目前全国统筹条件不成熟的情况下可以考虑把社会统筹分为国家级统筹和地方（省）级统筹两部分，即实行分级统筹的体制。我认为，这种分级统筹体制的设想，显然是符合我国实际情况的。

多层次和一体化实际上是互相联系的两种不同的倾向，只有“一体化中的多层次”倾向和“多层次中的一体化”倾向互相拉动和互相制约，才能在经济发展的不同阶段和水平的基础上构筑起既有共济性又有差别性的社会保障体系。

3. 关于低水平

我国现阶段为什么要特别强调社会保障的低水平呢？从根本上来说是受到我国经济发展水平低的制约。同西方发达的福利国家相比，低水平是我国的一大特色。许多研究认为，我国目前的缴费率和替代率都已经偏高，如果不降低缴费率和替代率，势必脱离我国的经济发展水平，而且会影响社保资金收支上的平衡和经济上的可持续。这可以说是保持低水平的根本理由。另外，如果少数群体保持社会保障的高水平，就必然使其他群体只能维持更低的社会保障水平乃至没有任何保障，从而影响各群体之间的团结。且不说城乡之间社会保障水平巨大差别的不合理性，就以城市内部来说，目前机关事业单位职工的养老金比企业职工的养老金要高出一截，也引发了若干社会矛盾。

在关于缴费率和替代率的讨论中，普遍的呼声是认为这两个率都太高，但同时又遇到了这两个率在计算上的失实问题。因此，要比较准确地衡量保障水平的高低，还必须解决缴费率和替代率计算上的失实问题。

除了上述基本原则和基本思路以外，我还探讨了在完善社会保障体系中如何正确发挥政府的收入再分配功能，包括如何克服历史上遗留下来的逆向再分配的问题，如何引入和实现适度再分配的理念和政策，等等。由于篇幅所限，这里不再展开论述。

第三章

学问人生之悟——半个世纪治学之感悟

一 怎样发扬优良的所风和学风

20世纪80年代，在担任经济研究所所长期间，我曾经对发扬优良的学风和所风提出过自己的见解[①]。

（一）研究中要正确处理四个关系

1. 基础理论的研究同应用的、对策的研究的关系

从原则上来说，这两方面的研究只有分工上的区别，它们不仅不相互排斥，反而是高度统一的，都是建立在实事求是的科学的基础之上。但是，在实践中却往往会发生偏离，或者把对策的研究同“头痛医头、脚痛医脚”，乃至同“看风向”“摸气候”“见风使舵”混同起来；或者把基础理论的研究同死抠概念、搞规律排队之类的象牙塔式的研究等同起来。应该说，几十年来，这两方面的经验教训都已经不少。今后应该吸取教训，使这两方面的研究都建立在科学的基础之上。近年来，许多研究人员对那种“头痛医头、脚痛医脚”式的开药方已经不感兴趣，希望我所能在基础理论上取得更多的研究成果，这种要求无疑是合理的。当然，强调基础理论和学科建设，并不是否定对策研究，而是要求这种研究进一步提高水平。提高水平的标识是：第一，这种对策研究是以深厚的理论和古今中外的史实作为基础的，而不是随心所欲地开药方和出奇制胜；第二，这种对策研究是一种

① 赵人伟. 在新形势下办好经济研究所的设想[J]. 经济学动态，1989（3）.

独立的、有学术尊严的研究，而不是依附于某种权势，即不是以迎合个别有权人物的口味为标准的。这实际上体现的就是“实践是检验真理的唯一标准”的精神，是“不唯上、不唯书、要唯实”的精神。

2. 充实内部和开放办所的关系

改革开放以来，我所对外学术交流不断发展，这是符合科学发展的客观要求和党的对外开放政策的。若干年来，我们通过“派出去、请进来”的途径，开阔了视野，启发了思路，学习了新的研究方法，取得了良好的效果。近年来，一般性的、走马看花式的组团访问逐渐减少，比较深入的专题考察和合作研究正在逐步发展。

目前面临的一个新问题是如何把充实内部同开放办所很好地结合起来。我所同外国的大学和研究机构建立合作关系的项目已经不少，许多外国机构还纷纷提出要建立新的合作关系，但我所的研究力量难以跟上，出现了少数研究骨干战线过长和在整个合作项目中我方力量不足的问题。长此下去，必然会影响合作的质量和我所的声誉。因此，今后的对外学术交流要有选择、有重点，特别是要同我所的方针、任务协调一致，以便提高交流的质量，同时也要与我所的财力相适应。

在以往的一个较长的时期内，我所在接待外国学者的过程中，一般在介绍改革和发展情况上所花的时间比较多，这在一定时期内是有必要的，但随着对外交流的发展，一般的介绍就远远不够了，今后应该多发展中外学者之间的对口交流，这不仅有利于双方交换观点、互相启发，而且有利于减少接待外宾组织工作中的困难。

3. 个人研究同集体协作的关系

科学研究的规律既要求发挥个人的独创精神，又要求发展集体的协作精神，这已是人所共知的常识。长期以来，我所的研究工作强调个人研究比较多，因此，正如孙冶方同志所说的，“整个研究规划，好像是许多个别研究人员和研究专题的简单加总，而不是一个有机的整体”。今后应在尊重个人发挥独立性和创造性的同时，加强个人与研究室、课题组之间的协调，研究室与所之间的协调。马克思说，未来社会是“自由人的联合体”，我想这也适用于我们研究机构中个人与整体的关系。我们都是自由人，但我们又是联合体中的自由人。当然，加强研究计划的协调，不等于用一个模子来套，各研究室完全可以有自己不同的风格。从我所几十年的历史来看，出人才、出成果最突出的两个研究室——政治经济学研究室和宏观经济学研究室（原国民经济综合平衡组）就有各自的风格，前者在注意集体协作的同时发挥个人的独创性比较突出，后者则在尊重个人独立研究的基础上集体协作搞得比较好。这说明，在个人研究和集体研究的结合形式上完全可以实现多元化。

4. 数量和质量的关系

若干年来，我所的研究成果可以说是数量多，成果质量也比较高。但是，在整个社会思潮和评职称、拿稿费的压力下，也确实出了一些属于“大路货”的产品。有人说低水平、重复的产品太多，这一批评是很中肯的。今后我们应该在保证一定数量的基础上，更加重视提高成果的质量。我们强调质量，第一，符合我院我所在普及与提高的关系中以提高为主的方针；第二，符合院部提出的今后以内涵为主的发展方针；第三，符合当前调整的需要。

（二）研究中还要提倡优良的学风

学校有校风，研究所也应该有自己的所风。我们所是学术研究机构，应该有优良的学风。多年来，在以往历任所长的领导下，特别是在孙冶方同志担任所长期间，我所形成的一些优良的传统和学风，我们应该加以继承和发扬，并应该在新的形势下加以发展。优良的所风和学风是保证办所方针、任务贯彻落实的重要精神条件。

究竟什么是我们经济研究所应该继承、发扬和提倡的所风和学风呢？在这里，仅提出几条讲一讲。

1. 兼容并包、多元共存的风气和精神

学术发展的一个重要条件是要有一个学术自由的环境和气氛，这是符合马克思主义的。马克思写道："你们赞美大自然悦人心目的千变万化和无穷无尽的丰富宝藏，你们并不要求玫瑰花和紫罗兰发出同样的芳香，但你们为什么却要求世界上最丰富的东西——精神只能有一种存在形式呢？"（《马克思全集》第 1 卷第 7 页）这也是符合党的"百花齐放、百家争鸣"方针的，这就是说要承认精神世界的多样性和多元化。这也是从我国经济学界和经济研究所自身的痛苦经历中所得出来的一条经验教训。据说蔡元培先生曾兼任过我所前身——社会科学研究所的所长。他的兼容并包的办校办学精神是人所共知和人所共仰的。孙冶方同志担任所长期间，一直坚持这种学术自由的精神，他后来受批判和坐牢，可以说是对这种精神和风气的摧残；他出狱和名誉的恢复，可以说是又让这种精神和风气重获新生。经济研究所的这样

一种传统的精神和风气，是以极大的代价换来的，我们必须珍惜它、爱护它。

坚持这样一种精神，不但不同坚持马克思主义相抵触，而且恰恰是为了在新的条件下发展马克思主义。

2. 团结、和谐的气氛

1995年拍摄于海口

如前所述，我所的团结氛围总的来说是好的，有一种无形的内聚力，但是，应该承认，在这方面绝不是十全十美的。在某种特定的场合，人际关系显得紧张了一些，特别是在带有某种情绪的情况下。其实，有许多问题，如果不是感情用事，而是冷静地、理智地加以分析，在和谐的气氛中进行对话，是很容易解决的。因此，我们提倡宽容和对话。在室主任座谈会上，大家普遍表达了这样的愿望，我相信这也是全所同志的愿望。会上，有同志提出，人际关系的是否宽松与和谐，是我们是否具有学者风度的表现，是我们本身学术素质的表现。这个意见是很中肯的，希望全所同志都把营造团结、和谐的气氛作为提高学术素质和发扬学者风范的任务来提倡。

3. 平等竞争和文明竞争的精神

团结、和谐的气氛并不排斥竞争。只有鼓励竞争，才能形成一个奖勤罚懒的机制，才能使优秀的人才脱颖而出。当然，从整个社会大背景来说，机会均等、公平竞争的宏观条件是不完备的，人才流动、社会保障等条件还有待在改革和发展中逐步加以形成。但是，从所领导班子的角度来说，我们要尽可能地给大家创造一个相对公平的竞争环境。具体来说，在我们所里，既不应该有特权，也不应该有歧视。如果有人希望从我们这里得到特权，我们的回答是“没有”；如果有人担心受到来自我们这里的歧视，我们的回答是“不会”。当然，我们也希望大家在竞争中要讲究和遵守竞争的规则，正如在各种比赛中要遵守比赛规则一样。我们特别要提倡尊重别人的独立人格，因为不管能力高低，大家在人格上是完全平等的。换言之，我们所要的竞争是以承认和尊重竞争对手的独立人格为前提的——这就是文明竞争。

4. 严谨、踏实和坐冷板凳的精神

这种风气和精神本来就是我们的一个优良传统。我们许多著名的老专家，无论是搞理论的、搞实践的，还是搞历史的，无一例外是在这种科学的精神指导下取得卓越成就的。可喜的是，不少中青年研究人员也以这种可贵的献身科学的精神在踏踏实实地从事研究工作，并取得了一些优秀的成果。但是也应该看到，在急功近利和行为短期化成为时代弊病的年代里，我们所的这种优良传统和学风也在一定程度上受到了损害。那种追求一时新闻效果的行为和自我吹捧的行为，是不符合科学精神的，是同我们所的优良传统格格不入的。当然，在一个从停滞转向改革、从封闭转向开放的大转变年代里，产生理论上饥不择食和实践上急功近利的弊病可以说有其复杂的社会历史成因。但是，作为一个学术研究机构，我们必须敏锐地洞察到这一点，并及时地加以纠正和引导。

我们的时代需要产生学术大师，而成为学术大师级人物，十年寒窗也是不够的，还需要付出更多的努力。而通过投机取巧只能成为昙花一现的新闻人物或所谓的“文章家”，很难成为功底深厚的学术大师。我国应该产生学术大师，我们所也应该产生学术大师。就所的领导班子来说，我们愿意为此而服务，愿意为此添砖铺瓦。

5. 探索、创新和开拓的精神

科学研究本身就是探索、创新和开拓，不然，科学的生命也就完结了。我们所在改革遇到困难、经济处于调整的时期，仍然应该继续保持和发扬这种精神。调整是为了更好地改革和发展。改革高潮时期要防止头脑发热，调整时期要防止意志消沉。要克服改革高潮中的行为短期化并吸取教训，防止调整中的行为短期化。经济研究所决不能丢掉改革的旗帜。

有的同志担心，在调整时期很难出现好的学术成果。我们认为这种担心是不够全面的。从经济所20世纪50年代至60年代的历史来看，许多有生命力的成果恰恰是在60年代的经济调整时期取得的。从一定意义上说，调整时期有许多丰富的经验教训可以总结，人们的头脑一般也比较冷静，也许更能促使人们取得比较科学的、系统的成果。我们不能否认革命、改革和发展的狂飙时期可以出现激动人心的好成果，也不能否认改革和发展的调整时期可以出现深思熟虑的好成果。

二 经济学应该如何创新和繁荣

20世纪90年代，我对经济学应该如何创新和繁荣的问题提出了自己的看法[1]。

（一）正确处理经济热点和冷点的关系

在改革开放过程中，经济学的研究在很大程度上克服了脱离实际的问题，这无疑是一个很大的转变或进步，但同时也出现了某种浮躁现象，具体来说，就是分工合作、分兵把口不够，赶热闹的风气太甚。经济改革和经济发展中某个热点问题一旦形成，就会有过多的人集中研究这个热点；而当热点问题一转移，又有过多的人随之而转移。这样不利于研究的深化。在当代社会，许多经济问题都有很强的专业性，如股票问题、期货问题、通货膨胀问题、计划和市场问题、收入分配问题、产权制度问题等，都需要有人静下心来分门别类地进行研究，只有这样才能在某些问题成为热点时进行有根有据的分析并提出切实可行的建议。这就是说，首先要有坐冷板凳的精神，才能对热点问题发表真知灼见。而且，这个热点问题的专家，不见得又是别的热点问题的专家，从这个意义上讲，没有冷，就没有热。1994年彗星同木星相撞，1997年我国东北漠河地区遇到日全食和“海尔-波普”彗星同时出现的天象奇观，一时间天文学家们的研究成果成为社会关注的热点。然而如果没有天文学家们“坐冷板凳”的精神，又何来他们对这些天文现象的真知灼见呢？经济学界是不是也能从天文学界得到一点启发呢？

当然，要使经济理论工作者发扬“坐冷板凳”的精神，

---

① 参见《社会科学报》1994年9月8日陶友之和余尹人对赵人伟的采访；并参见《中国经济学向何处去》一书，经济科学出版社1997年版，第317–323页。

还必须有内部的和外部的条件。从内部条件来说，他们自身就必须认识研究工作的客观规律，克服急功近利的情绪，心甘情愿“坐冷板凳”；从外部条件来说，社会应该提供必要的硬件和软件，或者说硬环境和软环境。当人们愿意为社会作贡献而甘“坐冷板凳”时，社会应该为他们提供“冷板凳”，并为他们提供必要的物质保证。软环境则要复杂得多。在这里我只想讲一条，那就是社会应该为学者提供一个比较安静的环境，让他们坐得下来。如果说，文艺界呼吁社会上不要炒作艺人的话，那么，学术界也应该希望社会上不要炒作学者。当然，我们并不反对文艺工作者和学术工作者成名成家，甚至希望出现文艺大师和学术大师，但是，这样的大师级人物绝不是靠炒作出来的，而是靠真才实干出来的。

（二）要有对研究成果的科学评价机制

要提高经济学的水平，必须有对研究成果的科学评价机制，这犹如要提高产品的质量，就必须有对产品质量的检验标准。当然，软科学在建立和健全评价机制方面难度要大一些，特别是在形成这一机制的过程中排除非科学因素的干扰比较困难。但唯其如此，我们更要在这方面多下功夫。前些时候，随着自然科学领域院士制度的建立，社会科学如何建立院士制度的问题也引起了社会关注和议论。然而，一个对研究成果进行科学评价的客观机制是建立院士制度的必要前提，要不然院士就无法产生。

对于一项经济研究成果的评价，主要应看它对经济运行是否做出了规律性的分析和解剖，而不能仅看它的某些提法和用词。在20世纪80年代中期，曾有人对于争“有计划商品经济”的发明权很感兴趣；90年代初中期，又有人对于争“社会主义市场经济”的发明权很感兴趣。对于这类研究成果，在我看来，不能只看某个提法是否应时，更主要地是看对经济改革的目标和转型问题（不论是总体问题还是局部问题）作出了什么实质性的贡献。大家知道，不完全竞争理论和垄断竞争理论是分别由英国和美国的两位经济学家独立地提出来的，他们的提法有所不同，但所分析的实质相同，而且都有所创新，所以在经济思想史上都得到了应有的评价。可见，从形成科学的、客观的评价机制的角度来看，确实没有必要去纠缠他们在提法上的差异，而应该评价他们在分析垄断资本主义的运行机制上所作出的贡献。

我认为，建立和健全这种评价机制是提高经济学水平的重要条件之一。举例来说，人们普遍感到各种报刊上低水平、重复的经济学文章太多，要解决这个问题，当然需要多方面的努力，像学术职称评定中的数量驱动倾向，就是需要克服的一个重要方面。然而，所有的努力都离不开对学术成果的科学评价，只有这种评价机制的建立和健全，才能解决学术成果良莠不分的问题，才能促进经济学研究成果的优胜劣汰。

（三）经济学研究中的国际化和民族性

伴随着我国经济的对外开放和经济活动国际化程度的提高，我国经济学领域的国际交流也有了很大的发展。这无疑是一个很大的进步。学术无国界，学术领域的国际交流或国际化，实际上对各个国家和民族都是有利的；相反，闭关自守则只能束缚住自己的手脚。

学术的国际交流，包括经济学的国际交流，总是双向的乃至是互补的。改革开放以来，我们从国外学习和吸取的东西与过去相比增加了许多，但不能说外国就没有从中国学习和吸收一些有用的东西。在这里，我仅想举几个小小的实例。多年以前，当我应《北京周报》之约给世界银行《1991年世界发展报告》写评论时，发现该报告"投资于人民"这一章在章首显著的位置引用了一段管子"一年树谷""十年树木""百年树人"的经济思想的论述，这使我感到非常兴奋——原来，当代西方经济学中的教育经济学和人力资本理论可以从我国古代的经济思想中找到学术上的共鸣乃至理论上的某种渊源。我们难道不应该为中华民族在学术上所作出的这种国际贡献而感到自豪吗？当然，我国古代经济思想中有一些好东西，也包含着某些不足之处，可以从国外吸收一些长处来加以弥补。例如，我国自古以来的格言"只要功夫深，铁杵磨成针"以及"颗粒还家"等，就体现了鼓励人们培养艰苦奋斗和勤俭持家的精神。不过，从经济学的角度来看，这种思想缺少成本-效益之间、投入-产出之间的比较，换言之，缺少效率的观念，当然，更谈不上机会成本和边际的观念。对于古人，我们不能提出超时代的苛求，但作为生活在改革开放的新时代的中国人，在继承本民族优秀传统文化的同时，完全有必要吸收外来文化中一些积极的东西。回到上面的例子，如果我们既做到艰苦奋斗、鼓足干劲，又做到讲究效率，不做不惜工本、无效劳动乃至得不偿失之举，不是更有利于经济的发展和社会的进步吗？在我看来，只有把民族性和国际性很好地结合起来，做到人们通常所说的“中西合璧”，才能实现经济学的现代化。当然，这里所说的“中西合璧”，同“民族性和国际性相结合”相比，在方向上相一致，但在内涵上要窄一些，因为“国际”比“西方”的含义要广。不过，在说明一种方向时，不妨把它们当作同义词来使用。

要做到“中西合璧”，必须先做到知己知彼。从经济学的角度来说，就是不但要明白自己的经济思想，而且要了解别人的经济思想。用现在流行的说法，就是在做出价值判断以前，要先做实证分析，了解彼此的经济思想究竟是什么。我们绝不能重复“文革”时期的做法，对别人的东西根本没有弄清楚甚至一无所知就开始批判，似乎说一句“不值一驳”就驳倒了。在这方面，马克思、恩格斯是我们的榜样。他们在各种理论问题的论战中，对论战对方可以说是了如指掌。几年前，我到美国去访问，接触到一些马克思主义经济学家，发现他们对对立面的经济思想也了解得很清楚。先不说别的，就知己知彼这一点来说，我们是不是应该向马克思主义的创始人和上述马克思主义者学习呢？

我国经济的对外开放是全方位的，我想我国经济学的对外开放或经济学的国际化也应该是全方位的。我们应该吸取20世纪50年代向苏联“一边倒”的教训，不要只吸收个别国家的经验而排斥其他国家的经验，因为这种片面性很容易导致对某些国家的经验盲目照搬，而对另一些国家的经验则盲目排斥的后果。以一种倾向反对另一种倾向，不可能同时反对这两种倾向。在反对盲目照搬西方经济学的呼声中，有人似乎忘了马克思主义也是来自西方，也要同我国革命和建设的具体实践相结合。我们总不能把马克思当作中国人，把中国同西方的差异等同于马克思主义同非马克思主义的差异吧！更不能认为，只有50年代从苏联转口引进的马克思主义才是最正宗的，其余的都有异端之嫌吧！从实践是检验真理的唯一标准的观点来看，不是对任何理论都不能搞“凡是”吗？从内源（endogenous）发展的观点来看，不是任何外来的东西都需要植根于本民族的土壤才能开花结果吗？

要提高我国经济学的水平，不能只满足于上述的继承和吸收，而必须立足于创新。换言之，从古人那里继承来的、从外国人那里吸收来的，都要汇合到我国经济改革和经济发展的实践中去。我国正处于一个经济大变革的时代，从经济改革的角度来看，我们正处在从计划经济向市场经济的转型之中；从经济发展的角度来看，我们则正处在从二元经济向现代经济的转型之中。在这个巨大的变革之中，经济的实践向经济学家们提出了一系列的课题，也为他们的创新活动提供了舞台和机遇。我国许多经济学家在这方面做了大量的工作，其中不乏创造性的工作。例如，在经济体制转型中，我国经济学家对许多具有中国特色的问题进行了研究，比如对如何对待转型中的渐进方式和激进方式等问题，提出了许多富有新意的见解。显然，如果我们在这些具有中国特色的问题上做了创造性的工作，那么，应该说是以自己的民族特色作出了国际贡献。

（四）区分学术部门和政府部门的功能

学术研究部门的功能不同于政府行政管理部门的功能，这应该说是常识。就以我们经济研究所来说，从1957年孙冶方担任所长以来，在我们的印象中，孙冶方从来没有以行政长官自居，当时我作为青年研究人员，也从未考虑过经济研究所属于什么行政等级，孙冶方属于什么行政长官。1958年国家计划委员会的世界经济局合并到经济研究所，成为经济研究所的世界经济研究室，原来的世界经济局局长则成为经济研究所的副所长，但是，我们似乎从来也没有考虑过由一个局长变成一个副所长是不是在行政上降了一级。既然在当年的研究机构中对于行政等级都是如此的淡化，那么，在改革开放已经进行了多年的今天，我们有什么理由不进一步加以淡化呢？外国有许多国家都不把研究所所长、大学校长列入行政级别。从功能上看，研究所所长同政府的厅局长是不一样的，但是，为什么我们一定要给研究机构及其负责人安上一个行政等级呢？这方面是不是应该总结一下自己的经验，并借鉴一些外来的经验而加以改进呢？企业的功能不同于政府的功能，所以人们提出要实现政企分开；既然学术部门的功能也不同于政府部门的功能，那么，提出要实现政学分开似乎也是合乎逻辑的。在我看来，区分两种不同的功能，有利于克服学术研究机构的行政化倾向，有利于防止担任学术领导职务的学者们的官僚化倾向，从而有利于研究机构更好地出成果和出人才。

三 从事比较深入的课题研究应该有怎样的素养

经过多年的研究实践，特别是经过收入分配课题研究的实践，我深深地体会到，要对经济问题的一个领域进行比较深入的研究，往往要求研究人员具有较高的和较全面的素养。

这些素养包括有较高的理论素养，即能够掌握迄今为止人类文明在本领域所创造的理论成果；掌握比较先进的分析方法和工具，特别是经济计量的工具；掌握同研究主题有关的数据，最好是第一手的数据或资料；对研究的主题要有实感，最好是通过一定的实地调查来取得和增强这种实感，并且要把实感和数据结合起来进行分析；要有较好的表达能力，包括分析框架的合理性、叙事和推理的逻辑性以及文字上的准确性和清晰度（除中文的表达能力以外，最好还有一种乃至一种以上外语的表达能力）；能围绕主题进行纵向的（时间的）和横向的（空间的）比较。这样的素养很难在某一个研究人员身上得到全面的体现，因此，当今的许多研究课题往往要组织一个团队来进行合作研究。这种合作研究从原则上来说应该采取老、中、青相结合的形式。

根据我自身的经验，这种合作不仅是静态的，还应该是动态的，换言之，老年人应该逐步退出，青年人则应该不断进入，这就是研究中的代际合作和代际交替问题。多年来，我在收入分配领域的研究中就采取了这种形式和机制。用通俗的话来说，就是几代人联合作战，加上几代人连续作战。其中，如果联合作战主要体现为静态的话，那么，连续作战则主要体现为动态。由于过去半个世纪中国特殊的国情，像我这个年龄段的人从事研究的黄金时间往往是被耽误了的，因此，按上述素养来要求，也往往有更多的欠缺。在认识到自身的这种局限性以后，我认为自己应该自觉地实行“快速折旧”，着力培养青年一代，为青年一代的快速成长创造条件，这样才能使我们的经济学研究较快地赶上国际先进水平，较好地为经济改革和经济发展服务。

附　　录

附录一：主要学术代表作

劳动者个人收入分配的若干变化趋势

社会主义经济中劳动者个人收入的分配问题，不仅是社会主义经济建设中的重大实际问题，而且是社会主义政治经济学中的重要理论课题。本文试图以过去我国的实际经验为背景，对我国劳动者个人收入分配的若干变化趋势从理论上作一探索。在分别研究这些变化趋势以前，我准备先谈一下我对按劳分配的绝对性和相对性的看法。

一 从按劳分配的绝对性和相对性谈起

在以往的讨论中，我国经济学界对如何理解按劳分配问题一直存在着两种看法。有的同志认为，所谓按劳分配，就是指劳动者所获得的报酬量同他们为社会所提供的劳动量在经过社会扣除以后完全相等，或者说，不同的劳动者所获得的劳动报酬的比例同他们所提供的劳动量的比例完全一致。[①]有的同志则认为，按劳分配不一定严格地要求劳动

① 蒋学模. 谈谈按劳分配中的劳动问题[J]. 经济研究，1964（8）；金汶. 论按劳分配在科学社会主义中的地位[J]. 中国社会科学，1980（4）；乔淑. 坚持按劳分配　就要坚持计算劳动量[J]. 中国经济问题，1981（2）.

者的劳动量同他们所取得的报酬之间保持固定的比率。假定四个劳动者为社会所提供的劳动量之比是1：2：3：4，不论他们所得到的报酬之比是1：2：3：4或是2：3：4：5或是3：4：5：6，都是符合按劳分配规律的。[①]持前一种意见的同志中有的还认为，根本不应该区分严格的按劳分配和非严格的按劳分配，如果承认有非严格的按劳分配，那就是理论上不彻底。

在我看来，上述两种意见的争论，不是理论上彻底不彻底的问题，也不能简单地说哪种意见对，哪种意见不对。在这里，实际上向我们提出了如何全面理解按劳分配的绝对性和相对性的问题。前一种意见强调的是按劳分配的绝对性；后一种意见强调的是按劳分配的相对性。只有对这一规律的绝对性和相对性作全面理解，才能更好地认识和运用这一经济规律。从抽象的意义上讲，按劳分配规律同价值规律一样，都具有其绝对性，前者要求等量劳动获得等量报酬，后者要求社会必要劳动量决定价值量并按价值量进行交换。但在具体的经济生活中，经济规律往往表现为相对的规律。例如，在自由资本主义经济中，价值规律是通过价格围绕价值的波动乃至通过价值转化为生产价格来贯彻的，这是因为，除了社会必要劳动决定价值这一本质因素外，还有供求关系、各资本家集团之间瓜分利润等因素的

① 仲津. 再来谈谈“按劳分配”问题[J]. 学习，1957（6）；许毅，王琢，戴园晨，等. 按劳分配与工资政策[J]. 新建设，1958（5）；曾启贤等. 运用抽象法分析“按劳分配”的几点体会[M]//三联书店. 关于按劳分配问题：经济学界1977年三次讨论会发言汇编. 北京：三联书店，1978：94–195.

影响。在社会主义经济中，按劳分配规律也不能不具有其相对性，即人们在自觉地利用这一经济规律时，除了考虑等量劳动获得等量报酬这一本质因素以外，还必须考虑劳动能力和劳动贡献不同的劳动者之间的团结和社会安定等因素。因此，在现实经济生活中往往表现为劳动者所获得的报酬量同他们为社会提供的劳动量在保持大体一致的前提下有一定程度的偏离。

按劳分配的绝对性和相对性及其相互关系，可以用正态分布和非正态（偏斜）分布的图形来表示。如图1的横轴代表劳动者的劳动贡献的大小和劳动报酬的高低，纵轴代表劳动者的人数。而且，为了集中分析劳动贡献和劳动报酬之间的关系，我们把劳动者的劳动能力和劳动贡献之间的差异加以舍象，或者说，把经济学界经常讨论到的劳动的三种形态（潜在形态、流动形态和凝结形态）之间的差异加以舍象，那么，劳动者的劳动贡献呈正态分布，即贡献属于中等的人数最多，其他人比较均匀地分布于两侧，只有少数人是属于贡献最小和最大的，如图1中钟形曲线*A*所示。所谓绝对意义上的按劳分配，就是劳动者的收入分布同他们的贡献分布相吻合，即劳动报酬曲线同劳动贡献曲线相重合，如曲线*A*所示。所谓相对意义上的按劳分配，就是收入属于中间偏低的人数最多，如斜钟形曲线*B*所示。

在现实经济生活中劳动者的收入呈斜钟形分布是不难理解的，问题的难点在于如何掌握这个斜度。当然，这个斜度要受许多条件的制约，如历史上已经形成的收入分配状况，生产力的发展水平和国民收入的水平，国民收入中

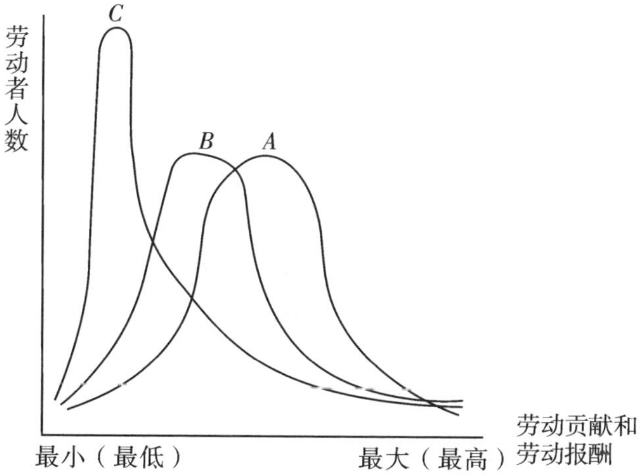

图1

积累和消费的比例关系，消费基金中个人消费和社会消费的比例等。但不管怎样，曲线B都必须受制于曲线A，即曲线A对曲线B应该有一种吸引力。正像价格不能离开价值而任意摆动一样，曲线B也不应该摆脱曲线A而任意倾斜。只有这样，才不至于把按劳分配的相对性推向极端从而违背按劳分配规律。这也正是我们在强调按劳分配的相对性的同时并不否认按劳分配作为一个规律的绝对性的根本原因。然而，令人遗憾的是，在我国确实出现过这种违背按劳分配规律的情况，特别是在经过了“大跃进”和“十年动乱”之后，我国广大职工的收入分布呈图1中尖塔形曲线C所示的状态，即过多的职工（主要是中青年职工）处在低收入的状态。这种被极度扭曲的状态，是很难用按劳分配的相对性来解释的，只能说是违背了按劳分配的客观规律。因此，在现实经济生活中贯彻按劳分配原则，既不能机械地使收入分布呈钟形，也要竭力避免其呈尖塔形，而应该使其呈斜钟形。

这里值得附带提出来的一个问题是：在我国过去经济学的文献中，往往把最高收入和最低收入的差距作为衡量收入差距的唯一标志，[①]也就是说，仅仅以差距来考察劳动者收入的离差情况，这应该说是不够全面的。在最高收入和最低收入的差距不变乃至有所缩小的情况下，由于不同收入水平的劳动者的分布状况的变化，仍然会产生很多不合理的因素。上述尖塔形的分布就是一个明显的实例，本文第三节将对此展开探讨。

二 劳动者之间收入差距的变化趋势

劳动者之间个人收入差距的变化会呈现出什么样的趋势，是我国经济学界所关心的一个问题。早在20世纪60年代初就有同志提出，根据我国的实际情况，劳动者之间劳动报酬的差距将有一个从小到扩大再缩小的过程（所谓“小大小”趋势）。例如，汪洋同志提出，“在我国的具体条件下，按劳分配规律可能会经历一个作用不够充分到作用比较充分的过程”，以及“在劳动报酬差距的变化趋势上可能出现这样的情况：在社会主义建成以前，随着生产力的发展，在人们的生活水平普遍有了很大提高的情况下，劳动报酬的差距比现在的差距从总的方面来看有扩大的趋势，而在社会

① 国家劳动总局政策研究室. 我国劳动工资问题讲稿[M]. 上海：劳动出版社，1982：280–281.

主义建成以后向共产主义过渡阶段，劳动报酬差距则将出现逐渐缩小的趋势”。[①]我认为，汪洋同志根据我国经济建设正反两方面的经验教训，早在20多年以前就提出了上述看法，是颇有见地的。

我国原来（指党的十一届三中全会以前）劳动者之间劳动报酬的差距比较小、收入分配比较均等的状况是公认的。我们暂且撇开对这种状况的评价，先对造成这种状况的原因作一概略的分析。第一，由于生产力水平比较低，可供分配给劳动者的个人消费品比较少，只能根据“大家有饭吃”的精神保证广大劳动人民都能得到基本的生活资料。第二，在生产力水平比较低，社会分工和商品关系极不发达的情况下，不同的劳动者往往从事类似的工作（特别是在农村），劳动才能未能得到发展，劳动贡献上的差别也未能显示出来，自然不能拉开劳动报酬上的差距。第三，由于“左”的干扰，按劳分配原则受到了严重冲击。特别是在1958年和1975年，出现了两次否定按劳分配的浪潮，造成劳动报酬和劳动贡献相脱节。第四，小生产者的平均主义传统观念在我国有深厚的社会基础。这种观念往往混淆普遍贫穷和共同富裕之间的界限，甚至把低工资乃至供给制说成是有利于消灭三大差别的重要措施和有利于社会主义向共产主义过渡、按劳分配向按需分配过渡的重大步骤。意识形态上的这种传统观念和政治上的“左”的干扰相结合，就产生了分配关系上许多强行拉平的做法。

---

① 汪洋. 关于按劳分配规律的一点体会[J]. 经济学动态，1962（22）.

显然，上述前两个因素所带来的均等是生产力水平比较低所引起的客观必然性，是符合生产关系一定要适合生产力性质这一经济规律的。而且，在物质条件低微的情况下，能够从“统筹兼顾”的思想出发，加上组织工作做得比较好，保证了广大劳动人民的最低生活需要，这在一定限度内也反映了社会主义制度的优越性。至于后两个人为的因素所带来的均等，实际上是平均主义，是违背按劳分配的客观规律的。可见，只有对我国原来的分配比较均等的问题作一分为二的分析，才能作出比较全面的、科学的评价。

那么，从发展社会主义经济的要求来看，是维持原状好，还是适当地扩大差距好呢？原来均等状态中属于人为因素所带来的平均主义的那一部分，不利于工作效率的提高和经济的发展是非常明显的，无疑应该彻底打破。这是促使劳动者收入差距扩大的第一个层次的问题。原来均等状态中属于生产力水平低所带来的那一部分，也不能静止地看待。在一定限度内，它保证了人民的基本生活需要，从而保证劳动力再生产得以正常进行，有利于再生产过程的维持和发展，无论从效率还是从平等的观点来看都是可行的。但超过了一定的限度，当生产力水平有所提高以后，仍然维持原来的那种均等状态，就将阻碍生产力的进一步发展。

为了提高效率，必须在一定程度上加以打破。这是随着社会主义经济的发展促使劳动者收入差距扩大的第二个层次的问题。

可见，自觉的十一届三中全会以来所实行的让一部分劳动者先富裕起来的政策是符合我国实情和社会主义经济发展方向的政策。这一政策的正确性不仅已被五六年来的实践所证明，而且已由党的十二届三中全会的决定做了科学的总结：决定中所概括的打破普遍贫穷的状态，让一部分劳动者先富裕起来，然后实现全体社会成员共同富裕的目标，清楚地勾画出劳动者之间收入差距“小大小”的变化趋势。

至于能不能借助洛伦茨曲线和基尼系数这样的工具来分析社会主义制度下收入差距及其变动趋势的问题，经济学界尚有不同的看法。[①]我想趁此机会谈谈自己的看法，并作一点比较分析。

第一，在利用洛伦茨曲线和基尼系数对我国劳动者的收入差距和资本主义国家的收入差距作静态比较时，绝不能简单类比，但可以作参考。例如，在资本主义私有制条件下，劳动收入和剥削收入并存，而在社会主义公有制条件下，只有劳动收入没有剥削收入，在两种不同社会制度下基尼系数所反映的收入差别不仅有质的不同，而且在量上也必然是资本主义大于社会主义。再如，在我国目前的条件下，有些因素的差别不可能在基尼系数中得到足够的反映（像住房的因素就因房租过低和补贴过多而无法反映实际的差别）。因此，把我国的基尼系数和资本主义国家的基尼系数作比较时，必须考虑到这些不可比的因素。据杨小凯同志的计算，1981年湖北6个省辖市的基尼系数为0.128，农村的基尼系数为0.1545，县属城镇的基尼系数为0.1473；经加权推算

① 厉以宁. 有益的探讨　可贵的起步[J]. 经济研究，1984（4）；许金声. 关于洛伦茨曲线和基尼系数的应用问题[J]. 经济学动态，1984（12）；厉以宁. 读许金声文章后的一点想法[J]. 经济学动态，1984（12）.

的结果，1981年湖北全省的基尼系数为0.1332。[①]又据赵学增同志的计算，我国1980年第一季度46个城市的基尼系数为0.178，1978年河北保定地区23个县的基尼系数为0.029。[②]据联合国目前掌握的资料，资本主义各国的基尼系数在0.2至0.6之间。尽管我国的基尼系数不能同资本主义国家的基尼系数作简单类比，但我国基尼系数大大低于资本主义国家，是不是多多少少可以作为一种参考性的指标，用来对我国长期以来在收入分配方面所存在的平均主义问题进行分析呢？因为我国收入分配的指导思想是按劳分配而不是绝对平均主义，我们并不主张基尼系数越小越好乃至等于零最好。在这种情况下，把我国的基尼系数同其他国家的基尼系数作比较并不是完全没有意义的。

第二，在对我国社会主义发展的各个不同阶段劳动者收入差距的变化趋势作动态分析时，由于这是同质范围内的量的分析，洛伦茨曲线和基尼系数无疑是适用的。当然，各个不同发展阶段基尼系数定在什么位置上最为适宜，确实没有一个固定的标准（就连积累和消费的比例也不能定出一个固定的标准，但我们仍然应该研究各个不同发展阶段积累和消费的适当比例关系）。是不是可以这样说：社会主义经济发展的各个不同阶段，效率与平等的最佳结合点也就是该阶段基尼系数的适宜点。在社会主义还处在不发达的条件下，平等的因素要考虑得多一点；在社会主义从不发达向发达发展

---

① 杨小凯. 社会经济发展的重要指标：基尼系数[J]. 武汉大学学报，1982（6）.

② 赵学增. 关于我国劳动者工资（工分）分配的洛伦茨曲线和基尼系数的考察[J]. 天津财经学院学报，1982（4）.

的阶段，效率的因素要考虑得多一点；在社会主义已达到发达的阶段，则似乎又可以多考虑平等的因素。当然，这里所说的不发达情况下的平等和发达情况下的平等，基尼系数是分辨不出来的，也就是说，基尼系数并不能识别什么是普遍贫穷，什么是共同富裕。这是我们在运用这种分析工具时所必须了解的。

第三，在利用基尼系数对我国收入差距的变化趋势同资本主义国家收入差距的变化趋势作动态的比较分析时，也不能作简单的类比，只能作参考。例如，在20世纪50年代，库兹涅茨借助基尼系数对一些国家的收入分配状况进行了分析，提出了“倒U字形假设”。按照这种假设，发展中国家从原来的收入分配比较平等开始，在其发展的中期和后期阶段，为了提高效率，必须扩大收入差距，使社会变得不平等，而达到发达国家水平以后，收入分配重新趋于平等。但后来的事实表明，并不是所有发展中的资本主义国家都是如此的。有的国家从原来的不平等变得更加不平等（如巴西），有的国家则从原来的不平等变得比较平等（如斯里兰卡）。如果以库兹涅茨的分析和一些发展中的资本主义国家的情况作为参考，对于我国劳动者收入差距的变化趋势似乎可以得出以下两点看法。第一，从国外的情况来看，基尼系数呈下降趋势的国家一般基尼系数的起点都是比较高的（在0.5左右），即以比较不平等作为起点，向比较平等的方向变化。迄今还没有见到一个基尼系数原来就很低（例如0.2左右）的国家向更低的方向变化的。因此，即使考虑到不同社会制度的不可比因素以后，我国以基尼系数低于0.2为起点向上升（即扩大差距）是符合发展的要求的。第二，据库兹涅茨的分析，发展中的资本主义国家基尼系数要达到0.55的高度以后才呈下降趋势，而有的国家（和地区）则以0.5左右为起点下降到0.3左右。考虑到我国是发展中的社会主义国家，尽管发展过程中收入差距会有所扩大，但基尼系数的最高点要比资本主义国家低得多，也就是说，尽管我国劳动者收入差距的变动会呈现出“小大小”的趋势，但起伏的幅度是不会太大的。总结起来可以这么说，社会主义制度的特点和优越性，并不是表现在绝对均等（基尼系数等于零）上，而是表现在基尼系数比较小和变化起伏比较小上。

三 劳动者在各年龄段收入的变化趋势

按劳分配当然不是按年龄分配，然而，每一个劳动者在其工作年龄的不同阶段，劳动贡献是不同的，正是在这个限度内，我们需要对按劳分配同年龄的关系问题，或者说劳动者在各年龄段收入的变化趋势问题，作一个纵断面的考察。

每一个劳动者在从开始工作到退休这几十年的时间内，劳动贡献是有变化的。在正常情况下，劳动者一生中劳动贡献的曲线呈抛物线状态，即在工作起点时贡献较小，壮年期达到高峰，近老年期又有所下降。当然，从事不同职业的劳动者成熟期是不一样的。例如，煤矿工人、某些体育和文艺工作者的成熟期就比较早，他们的劳动贡献比其他职业的劳动者要较早地达到高峰。但撇开某些职业的特殊情况，一般来说总是在壮年期达到高峰。根据按劳分配原则，一般来说，劳动者一生中的劳动报酬也应该呈抛物线状态，即初参加工作时比较低，壮年期达到高峰，而后有所下降。至于劳动报酬的下降是在壮年期过后就表现出来还是在退休以后通过领取比工资要低的退休金表现出来的，学界尚有不同的看法。考虑到一般来说劳动者从壮年期到退休前这一段有比较丰富的工作或劳动经验，同时考虑到工龄等因素，我们可以设想，在壮年期劳动报酬达到高峰直到退休为止的这一阶段，报酬仍然处于基本稳定的状态是比较切实可行的。因此，就一般情况而论，劳动者一生中比较理想的劳动报酬曲线应该是基本上同劳动贡献曲线相适应的一条抛物线，如图2中的*L*线所示（在图2中，横轴代表年龄，纵轴代表劳动报酬水平）。假定劳动者在工作起点和退休点的劳动报酬水平为既定，那么他们一生中所得劳动报酬的走向可以有三种基本类型，分别如图2中*L*、*M*、*N*线所示。显然，在这三种基本走向中，沿*L*线的走向是最符合按劳分配规

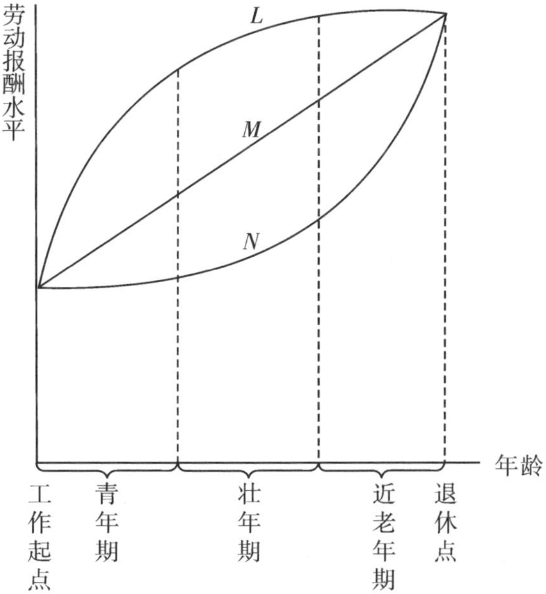

图2

律的；沿*M*线的走向实际是论年头增加收入的办法，是不足取的；沿*N*线的走向是最不符合按劳分配规律的，是应该防止的。遗憾的是，由于上面已经说过的原因，在以往的经济生活中，来自后两种走向的严重干扰都曾出现过。党的十一届三中全会以后，党和政府虽然努力克服以往经济生活中遗留下来的问题，但“冰冻三尺，非一日之寒”，要通过调整和改革实现*L*线所示的走向，还必须付出更大的努力和经历一个相当长的时期。

近几年来，社会舆论对中年人，特别是中年知识分子的工资偏低的状况给予很大的同情。他们自参加工作以后，工资长期冻结或很少提高，直到党的十一届三中全会以后，情况才略有改善。这一代人的工资，大体上是沿*N*线所示的走向变化的。也就是说，这一代人是违背按劳分配规律的后果的最大的承受者，得到社会舆论的同情以及党和政府的关怀，有关部门采取措施加以补救，是完全应该的。

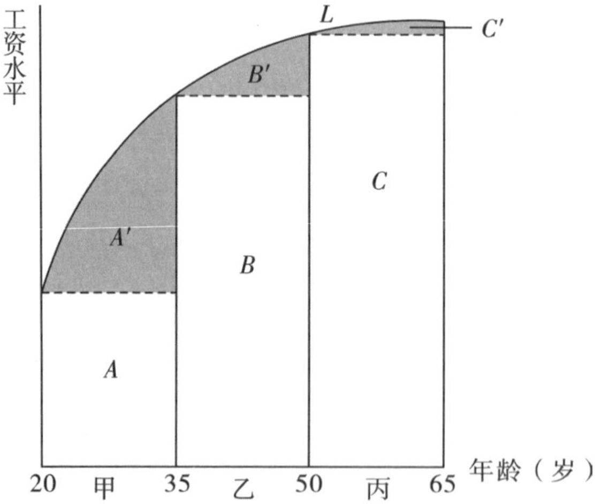

图3

当然，“左”倾错误的干扰、经济的困难是造成这种扭曲的经济关系的根本原因，但在经济困难面前所采取的长期冻结工资的对策，也是形成这种扭曲的一个直接原因。

为了说明工资的冻结对不同年龄的职工所带来的影响，我们可以设计一个简单的图形来表示。在图3中，横轴代表年龄，纵轴代表工资水平。为了把问题简单化，我们假定工资是唯一的劳动报酬收入，并且不考虑价格因素的影响。假定有甲、乙、丙三人，其他条件都相等，仅仅在不同的工作年龄阶段遇到了长期的工资冻结，而且工资冻结以前他们各自得到的工资收入也是符合按劳分配规律的，即分别沿L曲线的走向取得工资。如果甲、乙、丙三人分别在20岁、35岁和50岁时开始遇到了工资冻结，为期均为15年，以按劳分配原则来衡量，他们受工资冻结所带来的后果是不一样的。如图3所示，$A+A'$、$B+B'$、$C+C'$分别为甲、乙、丙三人在正常情况下在该时期内应得的工资量，A、B、C分别为甲、乙、丙三人在工资冻结时期内所获得的工资量，A'、B'、C'分别为甲、乙、丙三人在该时期内的承受量或负荷量。显然，根据按劳分配规律的要求，劳动者在其发展的不同年龄阶段的劳动贡献和劳动报酬的变化是不一样的，在图3中，L曲线在各阶段的斜率或斜度是不一样的，斜率越大，负荷量也越大，如图所示，$A'>B'>C'$。以上还仅仅是就绝对负荷量来说的，如果考虑到各个劳动者在各个不同年龄阶段工资水平和工资总量的不同，那么差别就更大。如图所示，甲、乙、丙三人在该时期内所得的工资量分别为A、B、C，由于$A<B<C$，因此

$$\frac{A'}{A+A'}>\frac{B'}{B+B'}>\frac{C'}{C+C'}$$

的程度，又要大于$A'>B'>C'$的程度。也就是说，在工资冻结

的情况下，劳动者甲、乙、丙三人不仅绝对负荷量是不一样的，他们之间相对负荷量的差别也要更大一些。

我们从理论上总结这一段历史的经验是为了更加自觉地向正常的状态转化，即促使劳动者一生中劳动报酬的走向从N曲线向L曲线的方向转化。当然，我们也应该清醒地看到，像工资和价格这样的问题，长期的工资冻结是不利的，急剧的变动恐怕也不行。面对被长期扭曲了的经济关系，我们只能采取逐步疏通的措施，一步一步地走向正常化。近年来国家在工资调整上所采取的一些措施，尽管有一些还不能令人满意，但就某些措施来说，还有论年头涨工资的倾向，都已经打破了原来的僵局，逐步地摆脱了N曲线的走向，向L曲线的走向移动，从总的趋向来看是好的。某些论年头加工资的措施，从战略上来看是不可取的，但作为打破原有僵局的临时措施，也不是完全不可以理解的。只要我们坚定不移地遵循按劳分配的客观规律，就能够使劳动者一生中劳动报酬的变动趋势也逐步走上正常化和合理化。

如果我们能够按照上述变动趋势来安排劳动者一生的劳动报酬，我想至少有以下两个好处。第一，它将有利于生产效率的提高和社会主义物质文明的建设。从劳动力再生产的角度来看，这样做能保证劳动者在劳动贡献最大的时期及时得到相应的物质条件，使分配成为推动生产发展的强大力量，这样，将促进整个社会经济有机体新陈代谢机能的旺盛。否则，劳动贡献和相应的物质条件在时间上是分离的，或仅仅具有“追认”的性质，整个再生产过程就无法顺利进行。第二，它将有利于对青年一代进行前途教育和社会主义精神文明的建设。事实证明，社会主义精神文明的建设和物质文明的建设是不可分的。如果让青年人通过自身艰苦奋斗十年二十年都难以在经济上自立，生儿育女都有困难的话，那么，单纯地指责他们的物质欲望是没有什么意义的。治本的办法是改变被扭曲了的分配关系，使新一代人看到，只有在社会主义建设过程中通过自身的艰苦奋斗对国家和社会作出较大贡献的同时也能得到相应的物质利益，才能在正道畅通的前提下堵塞一切歪门邪道。也只有从宏观上克服被扭曲了的分配关系，才能解决普遍存在的家庭内部的不正常的“再分配关系”（如由老一代人来抚养第三代人等）。

四 消费品分配中商品方式（市场方法）的变化趋势

消费品的分配，既可以采取实物供给的方式（非市场方法），也可以采取商品买卖的方式（市场方法）。在经济体制改革前的一个长时期内，由于我国当时的体制模式带有军事共产主义的因素，过多地运用了实物供给的方式，抑制了商品买卖的方式。

消费品分配领域中的供给制因素主要表现在以下两个方面。

1. 按人头的定量供应

对某些保证人民生活基本需要的消费品实行定量供应或实物配给，是在非常时期，特别是在战争时期和战后初期，也就是说，这是一种特定情况下的临时措施。但是，我国却由于种种原因，在实行了大约30年之久才开始着手加以改变。这种做法的弊病是限制了劳动者个人（家庭）在既定货币收入范围内选择消费品和服务项目的自由，从而削弱了他们的经济利益和经济责任。消费者在购买定量供应的物品时，虽然也要支付货币，但在实物票证占优先地位的情况下，货币起的是消极作用，也就是说，货币仅仅是一种计算的工具，货币的多少并不构成选择的基础。显然，在劳动者货币收入为既定的前提下，实物配给的范围越大，自由选择的范围也就越小。回顾一下我国在实物配给最盛行的年代，城市职工中有的低收入者除了购买定量供应范围内的消费品以外，几乎没有能力再购买其他消费品；在农村甚至出现了一些超支户（即按人头的实物配给超过全户的收入）。在这种情况下，当然更谈不上什么选择消费品的自由。

2. 按职位的免费供应

这种免费供应同上面所说的定量供应有两点区别：第一，它是在货币收入以外的超额分配，而定量供应是在货币收入以内的限额分配；第二，它是满足较高的消费需要，而不像定量供应那样仅仅是满足最基本的生活需要。不过，它同定量供应一样，都是供给制的因素，我国虽然在1956年对全部党政机关工作人员改行了反映按劳分配要求的工资制，但对他们中间的小部分人在实行工资制的同时还保留了一部分供给制，如按行政职位免费供应个人消费品和服务等。这种供给制的残余，不仅不利于贯彻按劳分配的原则，而且越来越不能适应实际经济生活发展的需要。家用电话的分配和使用就是一个简明的事例。在过去一个相当长的时期内，我国家用电话的分配是按行政职务实行免费供给，但家用电话的需要是无法单纯以行政职务来衡量的。近年来某些用户实行自费安装电话实际上就是对原有分配办法的一种突破。由于这种按职位的免费供应是货币收入以外的供给，不仅同消费者没有经济利害关系（同其货币收入不挂钩），而且也无法进行货币监督，必然造成对有限资源使用上的浪费及其他弊病。

除了以上两项以外，在价格和工资不合理的情况下对许多消费品所实行的大量补贴，可以说是一种变相的供给。高额补贴不仅缩小了消费基金中可以通过按劳分配归劳动者个人直接支配的份额，而且往往造成新的经济利益关系的不协调。谁租用的房子多，谁通过房租补贴所占的便宜也越多，就是一个明显的事例。

要克服上述供给制因素所带来的弊病，我们必须在消费品分配领域中发展商品货币关系，或者说，必须扩大消费品分配中市场方法的运用。在这方面，匈牙利经济学家科尔奈（Janos Kornai）的分析[①]是可资借鉴的。他把社会主义经济中消费品和服务对家庭的分配方法分为市场方法、非市场方法以及介乎两者之间的混合方法。他还以东欧的经验为背景，把社会主义经济的发展分为三个时期，即革命取得胜利后的初期，传统的经济管理体制下的相对和平时期，经济管理体制改革以后的时期（这一时期以匈牙利的经验为主）。他列举了若干消费项目在各不同时期分配方法的变化。从

---

① Janos Kornai. *Economics of Shortage*[M]. Amsterdam：North-Holland Publishing Company，1980：440.

他所列表（表1）中我们可以明显地看出，非市场的方法逐步减少，市场的方法则逐步增长。当然，各类不同的消费项目，情况又不完全一样，大体上是这样：吃、穿、用类，早已完全通过市场方法来分配；教育、保健类，仍以非市场方法为主；城市住宅类，虽然在较大程度上保留了非市场方法，但市场方法已日益增长。

表1　社会主义经济中对家庭的各种分配方法

产品类别	Ⅰ 革命取得胜利后的初期	Ⅱ 传统的经济管理体制下的相对和平时期	Ⅲ 经济管理体制改革以后的时期
食品	多数：非市场 一些：市场（合法市场和黑市）	市场	市场
衣着	少许：非市场 大多数：市场	市场	市场
其他工业品	市场	市场	市场
城市住宅	非市场	大多数：非市场 少许：市场（主要是灰市和黑市）	多数：非市场 日益增长：市场（主要是合法市场，部分是灰市和黑市） 少许：混合市场
汽车	—	主要：混合市场 少许：市场	主要：市场 少许：混合市场
娱乐、旅游	—	主要：非市场 少许：市场	部分：市场 部分：非市场
教育	非市场	主要：非市场 少许：市场	主要：非市场 少许：市场
保健	非市场	主要：非市场 少许：市场（合法市场或灰市）	主要：非市场 少量但日益增长：市场（合法市场或灰市）

近年来我国消费品分配的方法也是沿着这一趋势在改变的。令人惋惜的是，由于各种干扰，这一趋势在我国起步得比较晚。但是，只要我们总结了自己的历史经验，又吸收了人家的经验，完全可以使分配方法的改变建立在更加自觉的基础上。当然，其中有不少问题，如各不同消费项目商品化的程度、进度和条件等，都还需要作进一步研究，但这一趋势可以说是不可避免的。

如果我们继续按照这一趋势来分配消费品，我想至少有以下两个好处。

第一，它将有利于通过分配来促进生产和建设。例如，粮食分配上的定额和限价（统销），必然要求粮食生产和采购上的定额和限价（统购），而后者往往使粮食生产者在经济上处于不利地位，这种不利地位又往往导致粮食生产的不足，加剧粮食供应上的困难，形成一种恶性循环。从长期来看，只有把粮食的分配和生产逐步纳入商品化的轨道，才能变恶性循环为良性循环。又如，住房分配上的供给制因素（表现为低房租、高补贴等），必然导致住房的建造和维修在经济上缺少动力，从而进一步加剧住房供应上的困难；加上这种分配办法还助长人们多占房、占好房甚至占而不用等行为，造成对住房的一种虚假的需求，或超过实际支付能力的需求，从而使住房的供给和需求之间的矛盾更加尖锐。如果逐步消除住房分配上的供给制因素，把住房的分配和建造、维修都逐步纳入商品化的轨道，必将有利于将恶性循环变为良性循环。

第二，它将有利于克服资源浪费和舞弊行为。有些消费项目的免费供应必然因为同消费者没有经济利益关系而造成有限资源的浪费，家用电话使用中的浪费就是一个例子。据我所知，即使在一些发达国家，家用电话的使用也是计时收费的，人们很少在打电话中无谓地拖延时间和浪费金钱；而在我国，却常常可以看到免费使用电话中的浪费现象，这是同社会主义的原则不相符的现象，也是同我国电话设施的后进状态极不相称的现象。而且如前所述，从长期来看，消费品分配中的实物供给办法不但不能从根本上解决供给上的短缺，反而会加剧这种短缺，而浪费和舞弊往往是短缺经济的两大共生现象。在短缺经济中，外部供给上的不足不仅造成生产单位的内部贮藏倾向，而且造成个人或家庭作为消费单位的内部贮藏倾向，外部缺乏和内部贮藏互为因果，造成有限资源积压式的浪费。我们过去往往把诸如住房分配中的不正之风或舞弊行为仅仅归结为某些人的思想意识问题，而没有把它同短缺经济及其分配方法本身的缺陷联系起来，如果我们通过逐步商品化的办法来平衡某些消费项目的供给与需求，使那些企图从中渔利的人无利可图，也许是一种釜底抽薪的办法。

以上研究的是目前和今后一个相当长的时期内消费品分配方法的发展趋势。至于在更远的将来，在物资极为丰富的前提下，某些达到了充分满足水平的消费项目不再采用市场方法来分配是有可能的。因此，从非常长的时期来看，消费品分配的市场方法也会呈现出小→大→小的趋势。

（此文载于《经济研究》1985年第3期；并被译载于《国际社会经济学》杂志。此文于1986年获得第二届孙冶方经济科学论文奖。）

中国居民收入差距的扩大及其原因

一 引言

中国的经济体制改革已经进行了将近20年，在这一过程中，居民收入分配的格局发生了很大的变化。

本文试图对我国居民收入分配格局的变化，特别是收入差距扩大的状况作一考察。由于收入分配涉及的面很广，本文拟集中考察收入分配变化的一些重要方面。

为了更好地考察改革以来收入分配的变化情况，本文还拟对改革以前中国居民收入分配的特点作一简要的回顾与分析，以便使读者对这种变化的起点和背景有一个基本的了解和判断。

中国的经济改革是同经济发展或增长紧密地联系在一起的，换言之，中国从计划经济向市场经济转换的过程是同从二元经济向现代经济转换的过程交织在一起的。中国居民收入分配格局的变化是在这两个转变的过程中实现的。因此，本文还试图从经济发展、经济改革以及与此有关的政策因素中去分析收入差距变化的原因。

在本文的最后，我们拟对今后如何改进收入分配提出一些具有政策含义的建议。

本文所引用的资料，有一部分来自中国社会科学院经济研究所收入分配课题组（以下简称经济所课题组）对1988年和1995年城乡居民收入分配状况所作的抽样调查，有一部分来自国家统计局以及其他渠道。凡未注明出处者，均来自上述两次抽样调查。

二 改革以前收入分配的特点

这里所说的改革以前，是指1956年计划经济体制确立以后至1978年提出改革开放以前这20多年时间。总的来说，改革以前的中国是一个均等化程度很高（或不平等程度很低）的社会，但同时也存在着一些不平等的因素。为什么说中国在改革以前是一个均等化程度很高的社会呢？根据许多研究文献，中国在改革前夕或改革之初，收入分配的基尼系数比世界上大多数发展中国家都要低。城市的基尼系数在0.200以下，农村的基尼系数略高，但多数估计都在0.210至0.240之间（见表1）。而许多发展中国家，城市的基尼系数在0.370至0.430之间，农村的基尼系数则在0.340至0.400之间（见表2）。

表1　对改革前收入不平等程度的各种估计（基尼系数）

城市（年份）	农村（年份）	全国（年份）	估计者（年份）
0.160（1980）	0.310（1979）	0.330（1979）	世界银行（1983）
0.185（1980）	0.237（1978）		李成瑞（1986）
0.160（1978）	0.212（1978）		任才方、程学斌（1996）
0.165（1978）	0.222（1978）		Irma Adelmen等（1987）

注：估计者资料来源见文末参考文献［1］、［2］、［3］、［21］。

表2　亚洲一些国家收入分配的不平等程度

国家（年份）	基尼系数		
	农村	城市	全国
印度（1975/1976）	0.340	0.420	
孟加拉国（1985/1986）	0.360	0.370	0.370
印度尼西亚（1976）	0.400		
泰国（1975/1976）	0.390	0.470	
菲律宾（1985）	0.370	0.430	0.430
韩国（1971）	0.325	0.360	

资料来源：赵人伟，格里芬. 中国居民收入分配研究[M]. 北京：中国社会科学出版社，1994：86.

改革以前中国收入均等化程度较高，至少有三个原因。第一，制度上的原因。社会主义制度是以生产资料公有制为特征的，因此，从1949年至1956年逐步实行生产资料公有化以后，居民除了少量储蓄存款的利息收入以外，几乎没有财产收入。第二，政策上的原因。决策者认为，社会主义所追求的目标是社会公平，加上建设初期应该多积累、少消费，即使是劳动收入也应该是低而平均的。第三，受中国传统文化中“不患寡而患不均”的平均主义观念的束缚。这种观念离开效率来谈公平，不求做大“蛋糕”来讲分配，往往分不清共同富裕和普遍贫困之间的界限。

不过，如果我们进一步考察则可以发现，即使在那样一种均等化程度很高的状态下，仍然存在着和隐藏着一些不平等的因素。

第一，城乡居民之间的收入差距比较大。据世界银行计算，中国城乡居民人均收入的比率是2.5（1979），比亚洲其他低收入国家（平均约为1.5）要高，稍大于中等收入的国家（平均约为2.2）（表3）。

表3　农村居民与城市居民收入不平等的国际比较

国家	比率（城市人均收入/农村人均收入）	年份
中国	2.5	1979
印度	1.4	1973—1974
孟加拉国	1.5	1966—1967
菲律宾	2.1	
泰国	2.2	1975—1976
巴西	2.3	1976
哥伦比亚	2.3	1970

资料来源：世界银行经济考察团. 中国：社会主义经济的发展[M]. 财政部外事财务司，译. 北京：中国财政经济出版社，1982：49.

改革以前中国城乡居民收入差距较大的一般原因是同其他发展中国家一样都存在着二元经济结构，即现代工业部门同传统农业部门并存。差距较大的特殊原因是中国当时实行了特殊的政策，尤其是农产品低价收购的政策，并把它作为积累工业化所需资金的手段之一，同时采取了严格限制农村居民迁入城市的户籍制度，进一步强化了城乡两个经济系统的分割。可见，在当时收入分配高度均等化的情况下，特别是在城镇内部的均等化程度还高于农村内部的情况下，由于城乡之间收入的较大差别，对农村居民来说，仍然存在着不均等的因素。

第二，在消费品的分配方式上，强调实物分配方式，即供给制，而抑制市场分配方式（通过货币购买）。在强调实物分配的情况下，居民的货币收入的差距要小于实际收入的差距。实物分配实际上是一种隐性的福利补贴制度，这种补贴制度的初衷是对低收入阶层做一种补偿，起到缩小收入差距的作用。但实行的结果则不尽然。首先，占人口大约80%的农民并不享有城镇居民所获得的补贴；其次，即使对城市居民来说，也只有按人口定量供应的那部分消费品（如粮、棉、油），其补贴是按平均主义的原则分配的，但按职位供应的那部分消费品（如住房、汽车、电话等），其补贴的分配是高度不平等的。应该说，这样一种补贴制度或福利制度，也是均等主义掩盖下的一种不均等因素。

第三，工资的长期冻结，造成对青年一代不利的收入分配格局。改革以前，在1956—1976年期间，工资基本上是冻结的，当然，这一期间基本生活消费品的价格基本上也是冻结的。从表面来看，在这种工资和物价“双冻结”面前人人都是平等的，因为大家都同样地失去了增长工资的机会。但实际上长期的工资冻结对不同代人的收入分配影响是不一样的，它造成代际的不平等，形成了对青年一代人不利的收入分配格局。这种情况所造成的后果在20世纪80年代初期甚至成为一个突出的社会问题。应该说，在非战争年代，持续如此之久的工资冻结是相当特殊的，这也属于均等主义掩盖下的一种不均等因素。

不过，话要说回来，尽管改革以前的中国在收入分配中存在着上述一些不平等的因素，但总的来说，当时的中国还是一个平均主义盛行的社会。正如李思勤教授所说的，中国改革以前在收入分配上是高度平均主义的经济。这种平等中存在着不平等，不平等中又存在着平等的状况，说明了中国社会经济状况的复杂性。对这种复杂性进行分析，是为了对改革的起点和背景有一个较为深入的了解。

三 改革以来中国居民收入差距变化的一些重要方面

综上所述，改革以前中国居民收入分配中的主要倾向是强调公平而忽视效率，再加上一些貌似公平的不公平因素，导致经济生活中缺乏必要的激励机制，造成生产上的低效率。所以，改革一开始中国就提出了“让一部分人先富裕起来”的政策，这一政策的目标是克服收入分配上的平均主义，加强激励机制，提高效率，在做大“馅饼”的基础上最终实现共同富裕。近20年来改革和发展的经验表明，总的趋势是按照改革初期提出的目标发展的。不过，由于体制转型中出现了非常复杂的情况，收入分配的变化也比原来想象的要复杂得多。在这里，我们拟对改革以来收入分配变化的一些重要方面做一个考察。

1. 变化的总趋势：收入差距明显扩大

我们先用国家统计局公布的时间序列资料对改革以来中国农村和城市的基尼系数的变化做一考察，然后再根据经济所课题组1988年和1995年两次抽样调查的数据做进一步的验证。

从表4和根据表4所绘制的图4中可以看出，改革以来无论是农村还是城镇，由基尼系数所反映出来的收入差距尽管在个别年份有缩小的情况，但总的来说呈现出一种上升的趋势。其中，农村居民收入的基尼系数从1978年的0.212上升到1995年的0.340，城镇居民收入的基尼系数从1978年的0.160上升到1995年的0.280。

表4　1978—1995年农村和城镇居民收入的基尼系数

年份	农村	城镇
1978	0.212	0.160
1979	0.237	—
1980	—	0.160
1981	0.239	0.150
1982	0.232	0.150
1983	0.246	0.150
1984	0.258	0.160
1985	0.264	0.190
1986	0.288	0.190
1987	0.292	0.200
1988	0.301	0.230
1989	0.300	0.230
1990	0.310	0.230
1991	0.307	0.240
1992	0.314	0.250
1993	0.320	0.270
1994	0.330	0.300
1995	0.340	0.280

资料来源：李实等为1997年8月研讨会准备的论文《中国经济改革中的收入分配变动》。

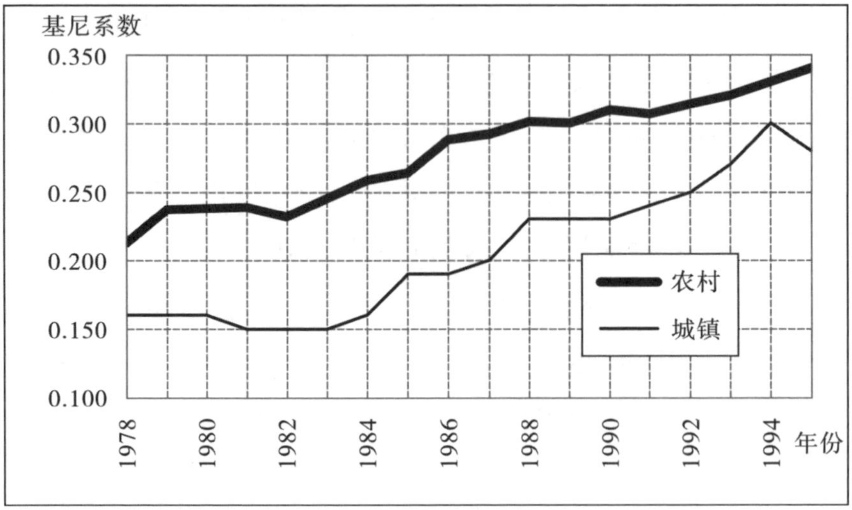

图4 1978—1995年农村和城镇居民收入的基尼系数

表5是根据经济所课题组的两次抽样调查所计算出来的基尼系数。尽管其数值同统计局公布的结果有一些差异，但无论是农村还是城镇，基尼系数的上升和收入差距的扩大这样一个总的趋势是一致的。其中，农村的基尼系数从1988年的0.338上升到1995年的0.429，同期，城镇的基尼系数从0.233上升到0.286，全国的基尼系数从0.382上升到0.445。

表5 1988年和1995年的基尼系数

年份	农村	城镇	全国
1988年	0.338	0.233	0.382
1995年	0.429	0.286	0.445

2. 城乡居民收入差距：老问题

我们仍然用国家统计局公布的时间序列资料和经济所课

题组的两次抽样调查资料来对城乡居民收入差距的状况做一个考察。

从表6和图5可以看出，城乡居民收入的差距在20世纪80年代初期呈缩小的趋势；从80年代中期到90年代中期则呈扩大的趋势。城乡居民人均实际收入的比率1983年为2.15，到了1987年，其比率已恢复到改革前夕的1978年的水平，到1994年达到最高点，即2.93。

表6　1978—1995年城乡居民的收入及差距

年份	名义人均收入/元		实际人均收入/元		城乡人均收入比率	
	农村	城镇	农村	城镇	实际	名义
1978	134	316	134	316	2.36	2.36
1979	—	—	—	—	—	—
1980	191	439	146	401	2.75	2.30
1981	233	458	161	408	2.53	2.05
1982	270	500	191	433	2.27	1.83
1983	310	526	210	451	2.15	1.70
1984	355	608	231	507	2.19	1.71
1985	398	685	238	510	2.14	1.72
1986	424	828	240	577	2.40	1.95
1987	463	916	246	586	2.38	1.98
1988	545	1119	247	594	2.41	2.05
1989	602	1261	228	575	2.52	2.10
1990	686	1387	249	625	2.51	2.02
1991	709	1544	252	662	2.63	2.18
1992	784	1826	266	721	2.71	2.33
1993	922	2337	275	794	2.89	2.54
1994	1221	3179	295	864	2.93	2.60
1995	1578	3893	325	906	2.79	2.47

资料来源：《中国统计年鉴》1986年、1996年；李实等为1997年8月研讨会准备的论文《中国经济改革中的收入分配变动》。

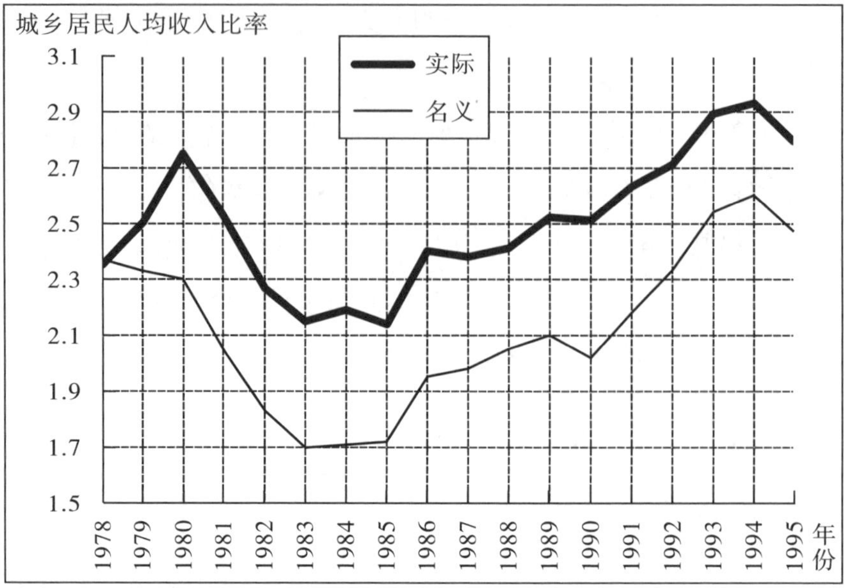

图5　1978—1995年城乡居民收入的比率

根据经济所课题组的两次抽样调查，如果我们把样本中的全部居民按收入高低进行十等分组，那么，无论是1988年还是1995年，乡村居民集中地分布在低收入组，城市居民集中地分布在高收入组。从表7和图6（图6的纵轴代表居民所占的百分比，横轴代表居民收入的高低）可以看出，这种分布状况在1988年和1995年之间没有发生显著的变化。有趣的是，低收入和中低收入各组，几乎没有什么变化；一些微小的变化则发生在中高收入各组（扩大了差距）和最高收入组（缩小了差距）。这可能是因为：农村乡镇企业的迅速发展，使少数企业的雇主很快地进入最高收入组；乡镇企业的雇员即使能进入中高收入组，但由于个人能力和体制性因素的限制，其收入的增长仍然慢于城市的中高收入组。

表7　按收入十等分组城乡居民各占的百分比

十等分组组序	1988年		1995年	
	乡村居民	城市居民	乡村居民	城市居民
1（最低）	99.24	0.76	99.36	0.64
2	97.94	2.06	97.41	1.59
3	95.37	4.63	94.95	5.05
4	89.30	10.70	90.36	9.64
5	77.53	22.47	76.95	23.05
6	56.71	43.29	55.53	44.47
7	36.37	63.63	34.16	65.84
8	24.87	75.13	23.10	76.90
9	20.47	79.53	18.92	81.08
10（最高）	19.55	80.45	23.78	76.22

居民人数：1988年为83179人；1995年为56435人。

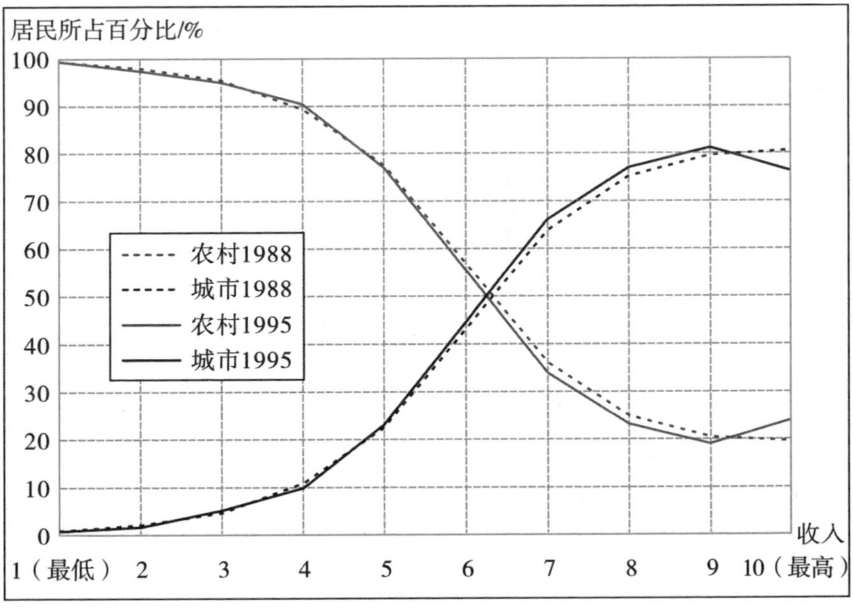

图6　城乡居民按收入高低的分布

附录

3. 区域间居民收入差距：诸多争议的问题

关于区域间居民收入差距的问题，包括差距（特别是相对差距）是否扩大的问题以及如何看待收入差距扩大的问题，学术界一直存在着争议。在这里，我们仅根据经济所课题组的两次抽样调查，分别考察一下农村区域间和城市区域间收入差距的变化情况。

表8　农村三大地区人均收入及其变化

（1988年和1995年，按1988年价格）

	1988年		1995年		区域内收入绝对差/元 (3)－(1)	区域内收入相对差 (3)/(1)	区域间收入相对差（以西部为100）	
	（1）人均收入/元	（2）基尼系数	（3）人均收入/元	（4）基尼系数			1988年	1995年
东部地区	891	0.340	3150	0.450	2260	3.540	161.7	243.9
中部地区	606	0.300	1599	0.330	993	2.640	110.0	123.8
西部地区	551	0.290	1292	0.380	742	2.350	100	100

注：三大地区的划分如下（1988年包括28个省市，1995年包括19个省市）。

东部地区有北京、上海、天津、辽宁、河北、山东、江苏、浙江、福建、广东、广西、海南。

中部地区有山西、内蒙古、吉林、黑龙江、安徽、江西、河南、湖北、湖南。

西部地区有四川、贵州、云南、陕西、甘肃、青海、宁夏。

（有着重号者为1995年调查的19个省市。）

表9　江苏和甘肃两省农村人均收入及其变化

（1988年和1995年，按1988年价格）

	1988年		1995年		省内收入绝对差/元 (3)－(1)	省内收入相对差 (3)/(1)	省际收入相对差（以甘肃为100）	
	（1）人均收入/元	（2）基尼系数	（3）人均收入/元	（4）基尼系数			1988年	1995年
江苏	843	0.380	3444	0.349	2610	4.13	186.6	334.7
甘肃	447	0.280	1029	0.338	582	2.30	100	100

从表8和表9可以看出，1988年到1995年这7年间，农村三大地区的人均收入均有明显增长，但东部地区增长得最快，中部地区其次，西部地区增长得最慢。从三大地区基尼系数的变化可以看出，三大区域内的收入差距都有所扩大。从区域间收入的相对差可以看出，三大区域间的收入差距也有所扩大。区域间收入差距的这种变化，在经济发达的江苏省和经济比较后进的甘肃省之间表现得更为显著。不过，从两省7年间基尼系数的变化可以看出，省内收入差距的扩大，甘肃省比江苏省更为显著。

由于城市抽样调查的覆盖面比较小，我们只分为沿海和内地两个组来进行考察。

表10　沿海和内地城市人均收入及其变化

（1988年和1995年，按1988年价格）

	1988年		1995年		区域内收入绝对差/元 (3)－(1)	区域内收入相对差 (3)/(1)	区域间收入相对差（以内地为100）	
	（1）人均收入/元	（2）基尼系数	（3）人均收入/元	（4）基尼系数			1988年	1995年
沿海	1584	0.213	2502	0.277	918	1.58	134.6	149.0
内地	1177	0.220	1679	0.247	502	1.43	100	100

注：沿海和内地的划分如下（1988年包括10个省市，1995年包括11个省市，即加了四川省）。

沿海包括北京、广东、江苏、辽宁。

内地包括山西、河南、安徽、四川、湖北、云南、甘肃。

表11　江苏和云南两省城市人均收入及其变化

（1988年和1995年，按1988年价格）

	1988年		1995年		省内收入绝对差/元 (3)－(1)	省内收入相对差 (3)/(1)	省际收入相对差（以云南为100）	
	(1) 人均收入/元	(2) 基尼系数	(3) 人均收入/元	(4) 基尼系数			1988年	1995年
江苏	1412	0.174	2251	0.230	839	1.59	111.4	123.7
云南	1268	0.198	1820	0.210	552	1.44	100	100

从表10和表11可以看出，1988年至1995年这7年间，沿海和内地城市的人均收入也有明显增长。从基尼系数的变化可以看出，沿海内部和内地内部的收入差距都有所扩大。从区域间收入的相对差可以看出，沿海和内地之间的收入差距以及沿海省份江苏和内陆省份云南之间的收入差距均有所扩大。

如果我们进一步比较农村区域间同城市区域间收入差距的扩大情况，那么，上述数据表明：农村区域间收入差距的扩大程度要显著地高于城市区域间收入差距的扩大程度。

4. 财产收入差距：新问题

如前所述，改革以前中国居民除了少量的个人储蓄的利息收入以外，几乎没有什么财产收入。改革以后，居民的财产收入，特别是城市居民的财产收入增长很快，但是分布却颇为不均，这已经成为人们关注的一个新问题。由于城市居民的财产收入同住房补贴及自有住房租金估价这三项收入之间有密切的关系，所以我们有必要把它们联系起来进行考察。

表12　城市居民的财产收入、住房补贴及自有住房租金估价

	1988年		1995年	
	Ui	Ci	Ui	Ci
（一）财产收入	0.49	0.437	1.30	0.489
（二）补贴及实物收入				
（1）住房补贴	18.14	0.331	13.93	0.322
（2）实物收入	2.21	0.233	0.99	0.284
（3）票证补贴	5.26	0.130	—	—
（三）自有住房租金估价	3.90	0.338	10.28	0.371

资料来源：李实等为1997年8月研讨会准备的论文《中国经济改革中的收入分配变动》。

注：1. Ui为该项收入在个人总收入中的比重（百分比）。

2. Ci为该项收入的集中率（百分比），即该项收入分配的不平等程度。

从表12可以看出，城市居民财产收入从1988年占个人总收入的0.49%上升到1995年占个人总收入的1.30%。住房补贴和自有住房租金估价这两项的变化最为明显。其中，住房补贴明显下降，从1988年的18.14%下降到1995年的13.93%，下降了4.21个百分点；而自有住房租金估价则明显上升，从1988年的3.90%上升到1995年的10.28%，上升了6.38个百分点。这两项的一升一降，显然同20世纪80年代末以来住房商品化改革的推进有密切的联系，即一方面是自有住房的增加，另一方面是住房补贴的下降。由于公有住房是以极低的价格出售给居民的，虽然出售公房的同时就意味着取消了住房补贴，买房的居民也支付了一定的金额，但住房市场价格同实际出售价格之间则存在着巨大的差额。[①]这表明，住房商品化等于一次性地将公有财产转化为个人财产。[②]因此，如果把自有住房租金估价也算作一种财产性收入，那么，1995年城镇居民的财产收入已达到11.58%，比1988年的4.39%上升了7.19个百分点。另外，不仅狭义的财产收入有很高的集中率（1995年为0.489），自有住房租金估价也有相当高的集中率（1995年为0.371）。非常有趣的是，自有住房租金估价的集中率还要高于住房补贴的集中率（1995年为0.322）。关于住房商品化对收入分配的效应，我们将在下一节进一步讨论。从表12还可以看出，上述这三项收入的集中率都要高于城镇居民收入分配的基尼系数（1995年为0.286）。

除了自有住房的租金估价以外，我国目前个人财产收入的形式主要有利息、红利、租金等。根据国家统计局的资料，仅以个人储蓄的利息收入而言，1978年只有6亿元，占个人收入的比重仅为0.3%；但到1995年，利息收入已达3000亿元，占个人收入的比重达到7.9%。

财产收入的不平等来自财产分布的不平等。从表13和表14可以看出，进入20世纪90年代以来，我国城市居民金融资产的增长极其迅速，户均金融资产已从1990年末的7869元增加到1996年6月末的30982元；户均实际金融资产已从1990年

---

① 公有住房的实际出售价格同市场价格之间的差额，各个地区是不一样的。一般来说，中小城市的差额要小于大城市。在特大城市的黄金地段，差额就很大。就一般情况而论，市场价格比实际出售价格要高出1～2倍，极端的事例可能要高出20倍。

② 实际上，我国城市居民买到住房以后并不能即刻转让，即产权的转让有一个过程。

末的7869元增加到1996年6月末的14715元，即增长了87%。而且，其分布颇为不均。按五等分组，1996年6月末，最高20%家户的户均金融资产为最低20%家户的户均金融资产的12倍。

表13 城市居民的金融资产及其变化

	1990年末			1996年6月末			
	总额/亿元	户平均/元	构成/%	总额/亿元	户平均/元		构成/%
					名义	实际	
居民金融资产	5404	7869	100.0	27110	30982	14715	100.0
其中：银行存款	4084	5941	75.5	22718	25961	12331	83.8
有价证券	1052	1532	19.5	2467	2821	1338	9.1
手存现金	272	396	5.0	1085	1233	586	4.0
其他	—	—	—	840	970	461	3.1

资料来源：国家统计局《统计报告》第21号，1996年11月8日。

注：1996年实际户均金融资产是以1990年城市居民消费价格指数为基期进行计算的。

表14 城市居民金融资产的分布

（按五等分组，1996年6月30日）

城市家户按五等分组组序（从高到低）	户均金融资产/元	占居民金融资产总额的比重/%
1（最高）	74359	48
2	35629	23
3	24786	16
4	13942	9
5（最低）	6192	4

资料来源：国家统计局《统计报告》第21号，1996年11月8日。

5. 高收入阶层和寻租活动：难题

改革以来，高收入阶层的问题一直引起社会强烈的反响，但如何弄清高收入阶层的规模及其实际的收入水平，一直是困扰着人们的一大难题。现在我们能够掌握的有限资料有两类：一类是社会上的各种案例调查；另一类是上述两次抽样调查。前一类的缺陷是不清楚案例对于全国是否具有代表性，后一类的缺陷是许多高收入人士根本进不了抽样调查的样本。

根据浙江温州市的一项研究，在一般的私营企业中，企业主的年收入为一般职工的21倍；在具有百万资产以上的私营企业中，企业主的年收入为一般职工的79倍。另据中国社会科学院社会学研究所的调查，我国年收入在100万元以上的已有100万户。人们称这些人为“新富起来的人”，他们主要由一部分私营企业主、部分合资企业中的中方管理人员、出场费很高的歌手、演员等十多类人员组成。

尽管经济所课题组的两次抽样调查很难有代表性地涵盖高收入人士，但从表15可以看出，高收入组同低收入组的比率有明显的上升：最高3%收入组同最低10%收入组的比率从1988年的7.69上升到1995年的11.82；最高3%收入组同最低20%收入组的比率从1988年的4.92上升到1995年的6.31。

表15　城市人均工资收入的分布及比率的变化（元）

（1989年和1995年）

	1988年	1995年	
		名义	实际
（1）最高3%收入组	5567.40	19447.70	8533.30
（2）最低10%收入组	724.40	1644.69	721.60
（3）最低20%收入组	1131.40	3081.41	1352.10
比率1（1）/（2）	7.69	11.82	
比率2（1）/（3）	4.92	6.31	

注：1995年的实际收入是以1988年城市居民消费价格指数为基期进行计算的。

至于“寻租”活动，迄今只有两篇文章对1988年和1992年的租金总额进行了估算。目前还无法对租金的分布和流失问题进行准确的研究。但一般都认为，租金的分布是极不平衡的。

以上我们从几个不同的侧面分析了改革以来中国居民收入差距扩大或收入不平等增长的情况。不过，值得指出的是，同时期我国的贫困状况也有显著的减轻。我国的贫困人口已经从1978年的2.5亿人下降到1995年的6500万人。这种不平等增长和贫困下降并存的状况主要是因为改革以来实现了高速的经济增长，换言之，改革以来居民收入差距的扩大是在“馅饼”不断做大的基础上发生的。关于经济增长、不平等和贫困之间的关系，世界银行的报告（1996）从国际比较的角度进行了分析。

四　收入差距扩大的原因和价值判断

分析改革以来收入分配差距扩大的原因是一个复杂的任务。长期以来，人们往往用经济增长或发展来解释收入差距的扩大，特别是根据西蒙·库兹涅茨的“倒U字形假设”来解释发展中国家在经济起飞过程中收入差距的扩大。即使作为这一假设例外的台湾经验，在经济高速增长的同时获得了收入分配上比较平等的结果，也是集中探讨经济增长同收入分配的关系，即探讨经济增长是否会引起收入差距的扩大。然而，根据中国的实际情况，我们认为至少应该考察以下三个方面的因素对收入分配的效应，即经济增长或发展；经济改革或体制变迁；经济政策及其变化（表16）。当然，这三方面的因素对收入分配差距的效应，既有扩大的一面，又有缩小的一面。在过去十多年中，扩大的效应起了主导作用，所以收入分配的差距总体来说是扩大的。另外，这三类因素之间是互相关联的。下面，我们将逐一分析这些因素对收入分配差距的影响。

表16 经济增长、改革和政策对收入分配产生的效应

各种因素	对收入分配差距产生的效应	
	对城市内部或对乡村内部	对城市和乡村之间
（1）经济增长或经济发展		
●城市非国有经济的较快发展	+	+
●农村非农产业的较快发展	+	–
●农业生产的发展（特别1979—1983年）		–
（2）经济改革或体制变化		
A. 有序变化		
●农村价格改革	–	–
●农村家庭联产承包责任制	–	–
●农村劳动力的流动		–
●城市住房制度的改革	+	+
B. 无序变化		
●“寻租”活动	+	+
●内部人控制	+	+
●垄断	+	+
●腐败	+	+
（3）经济政策及其变化		
●农产品低价收购		+
●农业税		+
●农民的税外负担		+
●个人所得税	–	–
●城市补贴的减少		
（a）按人头	+	–
（b）按职位	–	–
●城市居民福利转化为个人财产	+	+

注：“+”号表示扩大差距即增加不平等；“–”号表示缩小差距即降低不平等。有的因素作用方向复杂难以简单判断其效应者，则以空白表示。

1. 经济增长或发展

改革以来的事实表明，在经济增长或发展方面，城市非国有经济的较快发展（同国有经济相比）和农村非农产业的较快发展（同农业相比）是引起收入差距扩大的两个强有力因素。表17和表18都是根据经济所课题组的两次抽样调查计算出来的结果。从表中可以看出，城市非国有部门的基尼系数明显地高于国有部门，农村非农产业的基尼系数明显地高于农业。因此，在非国有经济和非农产业较快发展的情况下，收入差距的扩大是一种非常自然的现象。应该指出，并不是所有的经济增长都会引起收入差距的扩大。例如，1979年至1983年农业生产的迅速发展对城乡之间的收入差距就起明显的缩小作用，对农村内部则很难做出综合性判断。根据一些相关的计算，这一阶段农村内部收入差距略有扩大，但这很难说是由农业生产的发展引起的，也许是非农产业的不平衡发展所引起的。

表17　城市国有部门和非国有部门工作人员工资收入的基尼系数

	1988年	1995年
国有部门	0.222	0.283
非国有部门	0.286	0.347

表18　农村农业收入和非农产业收入的基尼系数

	1988年	1995年
农业	0.242	0.239
非农产业	0.390	0.512

2. 经济改革或体制变迁

由于中国采取了渐进改革的方式，在体制转型中出现了双重体制并存的局面，再加上一些非经济因素的影响，导致在经济改革或体制变迁中发生了许多无序的问题。因此，把体制变迁的因素划分为有序变化和无序变化这两类是可行的。

20世纪80年代初期农村的价格改革和家庭联产承包责任制的推行，特别是土地的承包到户，对农民来说是普遍受益的，所以这些改革措施对农村内部来说起的是缩小差距的作用，而对城乡收入差距来说，起的更是显著缩小的作用。

至于农村劳动力的流动，对缩小城乡收入的差距起到的作用是比较明显的；但它对农村内部收入分配产生的效应则比较复杂。由于农村劳动力流出的地区分布极不平衡，因此，对于整个农村地区来说，它扩大了收入差距，但对某一个社区内部来说，又有缩小收入差距的作用。因此在表16中我们没有加以标明。

20世纪80年代后期以来城市住房制度的改革是一项非常重要的改革措施。有的学者认为，其意义相当于农村当年推行家庭承包责任制。虽然这次改革还在进行之中，不过它对收入分配的初步效应已相当明显。如上所述，自有住房租金估价的集中率不但高于城镇的基尼系数，而且高于住房补贴的集中率，所以，住房制度的改革已经扩大了收入分配的差距。由于这一改革没有对原有公房分配中形成的不平等因素加以认真的考虑，例如，对有公房者和无公房者、有好房者和有次房者、有大房者和有小房者的差别没有按市场经济的原则认真地算账。其结果是不但扩大了城市居民收入分配的差距，而且扩大了城乡居民收入分配的差距。而且，原来公房分配中最不平等的部分迄今尚未改革。如果住房商品化改革的有关政策，特别是其中的价格政策保持不变，那么，可以预期，随着住房改革的进一步推进，还将进一步扩大收入分配上的差距。应该指出，住房制度的改革从根本上来说是将原有体制中的隐形收入不平等显形化的过程。但是，当自有住房租金估价的不平等超过了住房补贴的不平等时，就应该看到，这是显形化过程中追加的不平等，是改革过程中一个值得注意的问题。

至于体制变迁中的无序因素对收入分配的效应，是最不容易调查清楚的问题，也是在社会上引起强烈反响的问题。

在无序因素中，特别引人注目的是“寻租”活动。如上所述，关于租金的分布，迄今尚无准确的研究，但一般都认为，租金的分布是极不平衡的。因此，说“寻租”活动扩大了收入的差距并且是形成高收入阶层的重要因素，应该是没有什么疑问的。

内部人控制也是体制变迁中一个重要的无序因素。在体制转轨的过程中，对公有资产的集中控制逐步放松，各部门、各地方和各企业都有了对公有资产的控制权。对公有资产占有量的差别所造成的利益往往通过内部人控制而转化为本部门、本地区和本单位乃至有关个人的利益。这部分利益的分配很不透明，也很不均等，国有资产的大量流失都同内部人控制有关。

体制转轨过程中的各种垄断行为，包括部门垄断、行业垄断等，也是造成收入分配不平等增加的原因。通过垄断行为获取暴利被有的经济学家称为比“寻租”活动更为严重的“造租”活动。至于腐败所造成的分配不均，特别是权钱交易所造成的分配不均，更是人们所深恶痛绝但又是很难调查清楚的因素。

从上述分析可以看出，并不是体制变迁的所有因素都扩大了收入分配的差距。相反，上述有序变化中的若干因素还缩小了收入分配的差距。因此，把收入差距的扩大归罪于经济改革本身是不合理的。当然，我们也应该看到，所有无序变化的因素都扩大了收入的差距。这种无序变化在某种意义上可以说是改革所付出的代价或成本。但是，究竟我们应该付出多大的代价，或者说，哪些代价是非付不可的，哪些代价是可以避免的，仍然是一个有待探讨的问题。

3. 经济政策及其变化

除了上述经济增长和体制变迁以外，经济政策及其变化对收入分配的效应也是不可忽视的。在这里，我们想着重分析一下经济政策同城乡收入差距的关系。如上所述，改革以来城乡居民收入的差距，在20世纪80年代中期至20世纪90年代中期出现了长达10年左右的扩大趋势。1995年以后有所转机，但为时尚短，还未形成一种趋势，那么，长达10年左右的扩大趋势究竟主要是由什么因素引起的呢？这很难说主要是由经济增长的因素所引起的。从国际经验来看，发展中国家在从二元经济向现代经济转换的过程中，城乡差距呈逐步缩小的趋势。从我国自身的经验来看，农村工业化的进展，主要表现为农村非农产业的快速发展，起的是缩小城乡居民收入差距的作用。至于体制变迁的因素，其中有序部分往往起到缩小差距的作用，而无序部分则很难在国家统计局和经济所课题组的抽样调查中得到反映。因此，也很难说上述数据中所反映出来的城乡居民收入差距的扩大主要是由经济改革或体制变迁的因素所引起的。我们认为，这10年间城乡居民收入差距的扩大，在相当大的程度上同原有体制下的“政策惯性”有着密切的关系。长期存在的城乡分割是原有体制下的一种政策产物。农产品的低价收购政策、对农民的税收政策、对农民的税外负担政策、对城市居民的福利补贴政策、限制农民进城政策，都是原有政策的重要组成部分。改革以来，这些政策有所松动和改变，但离根本性改变尚有距离。20世纪80年代初期和1995年以来大幅度提高农产品收购价格的政策有力地缩小了城乡居民收入的差距，这从另一个角度说明了政策因素对城乡居民收入差距的重要作用。值得注意的是，如果把建立在补贴基础上的城市居民的福利转化为个人财产（如上述住房改革），那么，这种政策将进一步扩大城乡居民收入的差距。

对于上述收入差距的扩大，有着各种各样的价值判断和社会反应。

有一种意见认为，改革以来中国居民的收入差距尽管在扩大，但尚未超出合理的区间，还不能说已经出现明显的“贫富悬殊”。收入差距的扩大是经济增长的代价之一，如果能控制在保证社会稳定和正常运行的范围内，应该说是可以接受的。世界银行的报告也认为，“将工资、收入和财富的差距扩大到一定的程度是转轨的必要的组成部分，因为让市场决定工资会创造出提高效率的激励因素，而这种激励因素对于成功的改革是至关重要的”。

另一种意见则认为，国际上通常的看法是，基尼系数在0.3～0.4之间属于中等程度的贫富差距，而我国的基尼系数已超过了0.4。在短短的十几年间，我国已经从一个平均主义盛行的国家，变为超过了国际上中等不平等程度的国家，甚至超过了美国的不平等程度，这是令人忧虑的。

对此，我们想提出以下两点看法。

第一，用基尼系数来衡量不平等的程度时不能简单化。例如很难把0.3～0.4的区间作为衡量任何一个国家均等化程度合理的标准。实际上，人口规模和国土面积的大小、社会经济的均质性（homogeneity）等因素都会影响基尼系数的高低。中国是一个人口规模和国土面积都很大、社会经济的均质性很低的国家，用基尼系数来衡量时自然要比与此情况相反的国家和地区高一些。

第二，对于收入差距扩大的现象，必须区分是暂时出现的、非恒定的现象，还是长时期内出现的、比较恒定的现象。例如，根据经济所课题组的两次抽样调查，1988年城市私有部门工作人员货币收入的基尼系数为0.490，到1995年这一数值已下降到0.400。看来，这种变化同进入私有部门的人员不断增加、竞争机制逐步增进、市场规则逐步改进等都有关系。因此，我们可以这么说，1988年私有部门收入差距很大是一种短期内出现的、非恒定的过渡现象。因此，究竟在收入分配方面中国会变成什么样的状态，还要看下一步的改革如何进行。如果通过深化改革，建立起既有市场机制的基础作用，又有政府有效宏观调控的经济，收入差距就可以逐步走向合理化。如果转型期的无序状态不能得到有效克服，收入差距扩大的趋势和状态继续发展而找不到一个转折点，而且这种状态被加以凝固化和定型化，那么，就会使我国变成一个真正的两极分化的社会。可见，我们既不能因转型期出现的一些现象而匆忙地作出判断，也不能忽视收入差距扩大趋势的进一步深化所可能造成的后果的严重性。

五 结束语：一些建议

以上我们对改革以来城乡居民收入分配差距的扩大状况及其前因后果作了分析。那么，究竟应该如何改进收入分配的状况呢？

1. 必须抓住深化改革这个环节

只有深化改革，才能从根本上解决转型期的种种无序状态所带来的收入不平等问题。一方面不能因为收入差距的扩大就否定改革的方向，甚至要求回到旧体制去；另一方面不能因为我国采取的是渐进改革而放慢改革的步伐，从而增加改革的成本，甚至使一些本来属于转型期的暂时现象凝固化。

2. 要抓住发展这个环节

只有经济发展了，“蛋糕”做大了，才能为公平分配和减轻贫困打下牢固的物质基础。从我国的情况来看，特别要重视农村经济的发展，加速二元经济向现代经济的转换。只有加速这一进程，才能为缩小城乡收入差别、地区收入差别创造必要的条件。对农村经济的发展要提到战略的高度来认识——不仅要提供粮食保障和维持社会稳定，而且要缩小城乡收入的差别，实现全民族的现代化。

3. 要改善一系列的政策措施

第一，个人所得税政策。这是缩小高收入阶层同一般人之间收入差距的一项重要政策措施。为了发挥这一政策的作用，首先要提高收入的透明度，其次还要让人们乐于接受。

第二，社会保障政策。这是解决因失业、疾病和年老等因素带来的贫富不均的最重要政策措施。

第三，劳动力流动政策。这是为缩小收入差距提供一个前提——机会均等。

第四，教育政策。要增加人力资本的投资，特别要增加基础教育的投资。只有这样，才能提高国民的文化素质，并为缩小居民收入差距提供另一个前提——缩小教育背景上的差距。

4. 政府应该在收入再分配上发挥有效的功能

在比较成熟的市场经济中，税收和福利（特别是其中的补贴）是政府对收入进行再分配的重要手段。从原则上来说，通过税收和福利的调节，即通过收入的再分配，应该缩小收入的差距。但在计划经济时代，对农村是实行净税收的政策，对城市则实行净福利、净补贴的政策，被人们称为“逆调节的政策”，其结果是扩大了收入的差距。这种状况，在转型期已经有所改善，但要使这两种手段进入市场经济下宏观调控的轨道，则还需要作进一步的努力。这里特别需要注意的是必须把这两个手段联系起来运用，而不能顾此失彼。例如，对某一高收入群体实行累进的所得税，本来是为了缩小收入差距，但如果同时对这一群体实行高福利和高补贴，就会使所得税变成负所得税，失去了原来的意义。

综上所述，改进收入分配状况确实是一项极其艰巨的任务。不过，只要我们把它看作改革和发展大业的一部分，随着改革和发展的推进，改进收入分配状况的前景应该是乐观的。

（本文与李实合作：赵人伟执笔，李实计算。原载《经济研究》1997年第9期。后被收入以下两本书，赵人伟、李实、李思勤：《中国居民收入分配再研究》，北京：中国财政经济出版社1999年版；*China's Retreat from Equality: Income Distribution and Economic Transition*，Edited by Carl Riskin，Zhao Renwei and Li Shi，New York，London：M.E.Sharpe，2001.）

参考文献：

［1］世界银行经济考察团. 中国：社会主义经济的发展[M]. 财政部外事财务司，译. 北京：中国财政经济出版社，1982：83–92.

［2］李成瑞. 关于中国近几年的经济政策对居民收入和消费状况影响的统计报告[J]. 统计研究，1986（1）.

［3］任才方，程学斌. 从城镇居民收入看分配差距[J]. 经济研究参考资料，1996（F7）.

［4］卡恩，等. 中国居民的收入及其分配[M]//赵人伟，

格里芬. 中国居民收入分配研究. 北京：中国社会科学出版社，1994：86.

［5］赵人伟. 中国转型期中收入分配的一些特殊现象[J]. 经济研究，1992（1）.

［6］刘树成，等. 中国地区经济发展研究[M]. 北京：中国统计出版社，1994.

［7］胡鞍钢，王绍光，康晓光. 中国地区差距报告[M]. 沈阳：辽宁人民出版社，1995.

［8］余根钱. 地区收入差距问题[N]. 经济学消息报，1996-4-19.

［9］汪利那. 中国的住房价格和收入分配[C]. 为1997年8月研讨会准备的论文。

［10］国家统计局科学研究所. 目前收入分配中存在的主要问题和对策[J]. 研究参考资料，1996（94）.

［11］郑达炯. 从私营企业主、百万富翁与职工的收入情况看社会收入差别的变化[C]. 为“社会转型期公平问题及对策研讨会”提供的论文，1994年12月，杭州。

［12］高晓岩. 变动着的中国阶层[N]. 中华工商时报，1995-3-18.

［13］胡和立. 1988年我国租金价值的估算[J]. 经济社会体制比较，1989（5）.

［14］万安培. 租金规模的动态考察[J]. 经济研究，1995（2）.

［15］朱凤岐，等. 中国反贫困研究[M]. 北京：中国计划出版社，1996.

［16］世界银行. 1996年世界发展报告：从计划到市场[M]. 蔡秋生，等译. 北京：中国财政经济出版社. 1996.

［17］李实，赵人伟，张平. 中国经济改革中的收入分配变动[J]. 管理世界，1998（1）.

［18］青木昌彦，钱颖一. 转轨经济中的公司治理结构[M]. 北京：中国经济出版社，1995：17.

［19］李培林. 经济转型、分配差距与社会公平[J]. 现代化研究（台北），1995（10）.

［20］李强. 中国大陆的收入差距问题[C]. 收入分配国际研讨会论文，1995年6月，北京。

［21］Irma Adelmen，David Sunding. *Economic Policy and Income Distribution in China*[J]. *Journal of Comparative Economics*，1987（9）.

［22］Zhao Renwei. *The Trend of Changes in the Distribution of Workers' Income*[J]. *International Journal of Social Economics*，England，Special Issue，1991（18）.

［23］Carl Riskin. *China's Political Economy*[M]. Oxford：Oxford University Press，1987.

［24］Simon Kuznets. *Economic Growth and Income Inequality*[J]. *The American Economic Review*，1955（3）.

中国经济改革二十年的回顾与展望
——特点、经验教训和面临的挑战

中国的经济体制改革已进行了20年。在这篇文章里，我不想简单地描述20年来改革的过程，而想着重总结一下改革的特点、经验教训和所面临的挑战，以便为进一步的深化改革提供一些有用的东西。

一 中国经济改革的特点

同苏联和东欧相比，中国的经济改革具有显著的特点。美国哈佛大学教授德怀特·珀金斯（Dwight H. Perkins）提出了社会主义经济体制改革的亚洲类型（the Asian pattern of reform of socialist economic systems）。他认为，改革的亚洲类型具有以下三个特点。

第一，经济改革优先于政治改革。

第二，亚洲的社会主义国家比苏联和东欧的社会主义国家要贫穷得多。

第三，在亚洲的社会主义国家，改革起步时多数人口从事农业，在工业产出中，多数来自中小工业。

他还指出，这三个特点是互相联系的。

珀金斯教授分析的这三个特点，不仅适合于像越南这样的亚洲小国，而且适合于中国这样的亚洲大国。不过，就中国的具体社会经济情况来说，我认为中国的经济改革还可以加上另外三个特点（当然，这些特点同上面所说的特点也是密切相连的）。这些特点可以概括如下。

第一，从苏联学来的经济体制在国民经济的各个部分所起作用的强度是不一样的，作用强度最大的仅限于国民经济的主体部分，即工业化了的部分，而对分散的农业和小工业，控制的程度就要低一些。正如日本的石川滋（S.Ishikawa）教授所指出的，中国原来的经济体制虽然在广义上可以定义为“集中管理的实物计划资源配置体制”，但由于低收入等条件的影响，这个体制的作用范围只限于整个国民经济的一部分，剩下的是市场经济和习俗经济。有的经济学家则把这一特点概括为计划经济的覆盖率比较低。这一特点为中国改革采取渐进方式和先打外围后攻坚提供了一定空间。

第二，中国经济体制改革的起点比苏联和东欧国家都要低。这是因为，上述经济体制作为中国经济体制的主体在确立以后的20多年间（1956—1978年）发生了若干的变异。改革（1978年）前夕的经济体制比20多年以前初步确立时（1956年）的经济体制在所有制上更为单一化，在经济决策上更为集中化，在经济流程上更为实物化（即在资源配置上更重视实物计划而排斥市场机制），在收入分配上更为平均主义化，在对外关系上更为封闭化，在经济组织的方式上更具动员的（mobilized）色彩。因此，中国经济体制改革前夕的经济体制尽管可以概称为传统的计划经济体制，但它却带有较多的军事共产主义的供给制因素。如果说，改革前的苏联和东欧各国的经济体制可以称为典型的计划经济（斯大林模式）的话，那么改革前中国的经济体制则可以称为准军事共产主义经济的模式。从图1可以清楚地看出，中国经济体制改革的起点低于苏联和东欧各国。

计划（集中）　　　　　　　　　　　市场（分散）

军事共产主义经济	准军事共产主义经济	典型的计划经济（斯大林模式）	修改了的计划经济	有调节的市场经济	自由放任的市场经济

中国经济体制改革的起点

图1　中国经济体制改革的起点

以上仅就经济体制本身来看中国经济体制改革的起点。如果联系到体制以外的其他因素，诸如经济改革理论准备之不足以及下面我们就要分析到的经济发展水平低等，那么中国经济体现改革的起点比较低就更为明显了。

第三，同苏联和东欧相比，中国的经济改革是同经济发展紧密地结合在一起的。改革以前的苏联和东欧各国，总体上来说已经实现了工业化，属于发达国家，而中国则属于发展中国家。如图2所示，中国不仅在经济体制的转型（transition）上有一个从计划经济向市场经济的转变过程，而且在经济发展的转型（transformation）上有一个从习俗经济或自然经济（autarky economy）向市场经济的转变过程，有一个从二元经济（dual economy）向现代经济转变的过程。关于如何把这两个转变过程结合起来，我将在本文第二节论述中国改革的经验时进一步加以探讨。

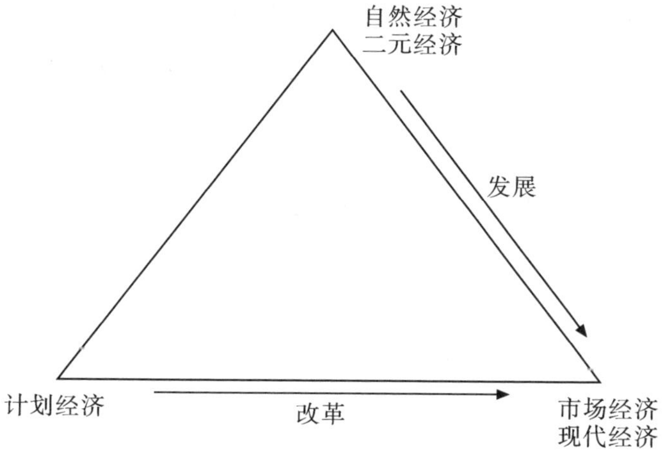

图2　中国的体制转型和发展转型

同发展转型相比，体制转型是一个更为艰难的过程。因为发展转型是一个演化过程（evolution），而体制转型则是一个改革过程（reform）。改革过程必然要遇到更多人为的障碍，主要是意识形态的障碍和既得利益的障碍。当然，人们的认识也绝不是一条直线。正因为如此，20年来中国的改革经历了曲折的过程，并充满了反反复复的争论，其中有关改革目标的争论就是一个典型的事例。

从图3可以看出，从1978年12月中共十一届三中全会提出经济体制改革的任务开始，到1992年10月中共第十四次代表大会明确地制订了社会主义市场经济的改革目标为止，其间经历了若干个重大的起伏。在改革之初，人们对于要扩大市场机制的作用这一点的认识似乎并没有多大分歧，但对沿着这一方向该走多远的认识却很不一致。这种不一致在1979年至1980年关于计划和市场关系的讨论中表现得还不太明显。因为当时即使是主张市场取向改革的经济学者从总体来说也并未跳出计划经济的框框，只是对市场机制作用的程度具有不同的看法，因而同坚持计划经济的经济学者并没有表现出显著的分歧。

图3　关于中国经济改革目标的争论

但是，随着改革的进展，分歧就变得明显了。在1981年至1983年间，主张缩小指令性计划、扩大指导性计划的观点受到批判，主张计划经济为主，特别是指令性计划为主、市场调节为辅的观点占了上风，并且被中共十二大肯定为改革的目标。现在回过头来看，当时的这一曲折是完全可以理解的。因为，在20世纪80年代初期，中国有一种浓厚的“拨乱反正”的气氛。人们强烈地要求彻底改变十年“文革”所造成的混乱状态，恢复到一种有序的状态。然而，有关改革的理论准备却极其不足，连东欧的改革理论都才刚刚开始引入，全国上下都还在“摸着石头过河”。而根据中国自身的经验，则只有1956年和1965年这两个计划经济鼎盛时期的状态是比较好的，所以，当时占主导地位的思潮是：改革的目标应该是恢复到以指令性计划为主的那样一种有序状态，辅之以一定的市场调节。这种以“拨乱反正”来代替改革的思潮尽管当时就受到过某些质疑，而且这种思潮在逻辑上也必然要遭到改革实践的突破（因为即使恢复到典型的计划经济也并不能称之为“改革”），但是它毕竟在一个不太长的历史阶段内成为改革目标设计中的主导思想。

随着改革的发展，1984年的中共十二届三中全会提出了“有计划的商品经济”的目标，把缩小指令性计划作为改革的中心内容；1987年的中共十三大又提出了“国家调控市场，市场引导企业”的间接调控方式——这些无疑都触动了计划经济的根基，向市场经济的改革目标迈出了重要的一步。可以说，从1984年到1988年是中国的经济改革大踏步地向前推进的5年。

由于1988年价格“闯关”（详后）的失败以及其他原因，中国的经济改革再一次陷入了低潮。上述间接调控的提法消失了，同“计划经济为主，市场调节为辅”极其相似的“计划经济和市场调节”再一次成为占主导地位的思潮，“鸟笼经济”的比喻再一次被官方媒体所肯定。

不过，这一次曲折为期不太长，在邓小平1992年初的南方谈话以后很快得到了扭转。而且，这一次曲折是在改革开放总政策不变的前提下发生的，波动的强度毕竟也是有限的。根据邓小平南方谈话的精神和改革实践的发展，1992年10月举行的中共十四大终于确立了“社会主义市场经济”作为改革的目标。

从上述起伏可以看出，尽管中国的经济改革一开始就是以市场为取向的，但在改革目标的选择上完成从计划经济向市场经济的转变却花了大约14年的时间。而且，在1992年确立改革目标以后，也并不意味着改革目标争论的结束，认为社会主义的本质是计划经济的观点，以及认为计划经济是宏观调控的样板的观点仍然出现在争论之中，只不过由于“社会主义市场经济”具有官方认定的性质，这种争论更具非正式的色彩罢了。因此，对于1992年以后的这种争论，我在图3中以虚线（dotted line）来表示。

二 中国经济改革的经验和教训

中国的经济体制改革已经取得了举世瞩目的成就，我们没有必要在这篇短文里一一列举，不过，就其大的方面来看，可以用几句话简单地概括如下：第一，在所有制方面，打破了“一大二公”的格局，初步形成了多种经济成分共同发展的多元化所有制结构；第二，市场机制在一些重要领域开始发挥基础性作用，竞争性市场体系的建设有了显著的进展，市场化的程度有了很大的提高；第三，在宏观经济管理方面，从直接调控向间接调控的转变取得了重要进展，通过财政、税收、金融、投资等体制的改革，以经济手段为主的间接调控体系已经初步形成；第四，劳动就业制度和收入分配制度也发生了重大的变化；第五，全方位、多层次的对外开放格局已经基本形成。

在中国的经济改革取得巨大进展的基础上，必然有许多成功的经验值得总结。在这里，我不揣冒昧地提出以下两点。

第一，改革和发展（增长）同步进行，两者互相促进。

许多专家认为，不论采取什么方式，在改革的最初阶段，生产水平和消费水平的下降是不可避免的，即改革的初始阶段必须以牺牲经济增长为代价。美国芝加哥大学教授亚当·普沃斯基（Adam Przeworski）根据东欧和拉丁美洲的改革经验提出，改革不管是采取激进的方式还是渐进的方式，生产和消费的下降是必然的，无非激进方式下降得快，回升得也快（大落大起），而渐进方式则下降得慢，回升得也慢（小落小起）。图4显示的就是这种情景。在图4中，*S*代表改革的起点，*R*代表改革的激进方式，*G*代表改革的渐进方式。

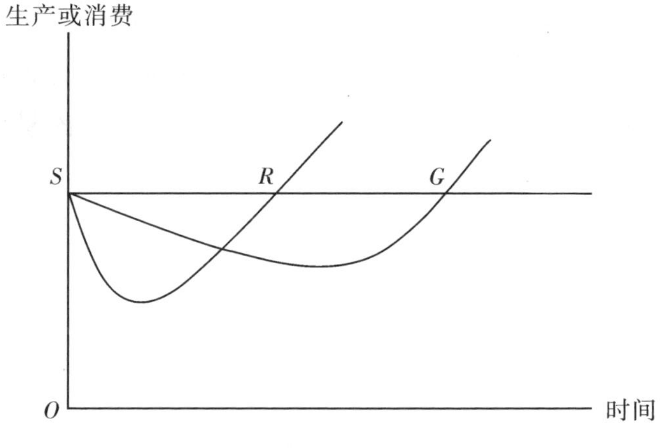

图4　改革以牺牲增长为代价

然而，中国的经验则与上述情况相反，实现了改革和增长的同步进行，而且在一个相当长的时期内实现了经济的高速增长。如图5所示，1978—1996年，中国国民生产总值（GNP）的年平均增长率为9.8%，其中，1991—1996年更高达11.8%。随后两年的增长率虽然略有下降，但20年来的年平均增长率仍高达9%以上。中国的经济改革，无论是农村改革还是城市改革，每一项措施的出台，都着眼于改进激励机制以增大经济总量，在“做大蛋糕”的基础上再推动下一步的改革。农村家庭联产承包责任制的推行，农产品收购价格的改革，鼓励农村乡镇企业的发展，城市扩大国有企业的自主权，鼓励非国有经济的发展，外贸企业的外汇留成，经济特区的建立和发展，等等，无不如此。如果没有经济的高速增长，就不可能在一部分人先富裕起来（收入差距扩大）的同时，还使将近2亿人摆脱了贫困，使人民生活水平普遍地和大幅度地获得了提高。按照官方的统计，中国的贫困人口已经从1978年的2.5亿人下降到1996年的6000万人。关于经济增长、不平等和贫困之间的关系，世界银行的报告从国际比较的角度进行了分析。可见，改革同增长之间互相促进，形成一种良性循环（virtuous circle）的关系，应该是中国经济改革的一项成功经验。

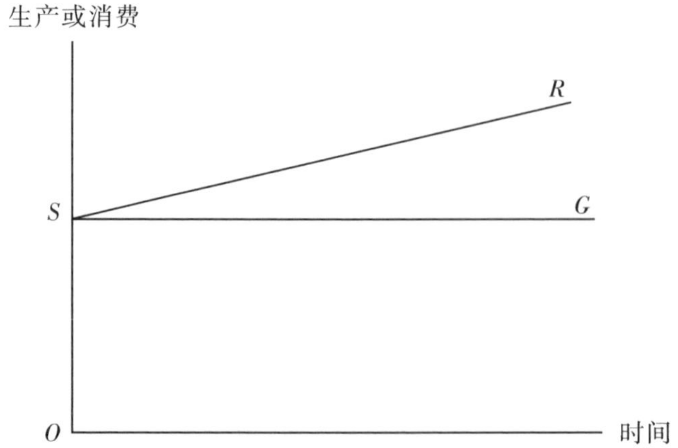

图5　改革和增长同步进行

第二，渐进的转轨方式，有利于降低改革的成本和风险。

中国和外国的学者对于改革的渐进方式和激进方式孰优

孰劣的问题，乃至中国的改革是否应该采取渐进方式的问题，都存在着不同的意见。在这里，我仅就中国迄今为止的改革方式提出一点看法。我认为，中国的经济改革除了20世纪80年代初期农村家庭联产承包责任制的改革带有激进因素以外，总体上来看采取的是渐进方式。从1980年9月中共中央发布的《关于进一步加强和完善农业生产责任制的几个问题》开始，到1982年秋短短的两年时间内，农村就以家庭联产承包责任制取代了人民公社的三级所有制，这可以说是激进改革。但这仅仅是农村改革的一部分。农村改革的其余部分，特别是价格改革，以及整个城市改革，应该说都是采取渐进的方式。根据中国的国情，这种渐进的转轨方式迄今基本上是成功的。不仅许多中国学者，而且一些从总体上主张激进改革的外国学者，都认为中国的渐进改革方式是成功的。例如，美国哈佛大学教授杰·萨克斯（J. Sachs）是在苏联和东欧的一些国家推行激进改革方式（所谓“休克疗法”）的著名学者，但他于20世纪90年代初来中国讲学时也肯定了中国改革的渐进方式。又如，英国牛津大学教授布鲁斯（W. Brus）在80年代初来中国讲学时曾主张中国经济改革应采取“一揽子”（package）方式，即激进方式，以避免双轨价格这种“交通规则混乱”所带来的摩擦。然而，当他90年代初再次来华访问时，也认为中国经济改革的渐进方式是适合中国经济国情的。

那么，中国经济改革的渐进方式在哪些方面是成功的呢？我认为，从经济改革的两条主线（或两个主要方面）来看，主要是在价格改革中采取了“调放结合”的过渡方式和在所有制改革中采取了先打外围战的方式。在价格改革中采取“调放结合”的双轨过渡方式，一方面使计划内的价格通过不断调整逐步接近市场均衡水平，另一方面使计划外的市场价格在比重上不断扩大，最终实现向市场轨的合并。这种转轨方式虽然要付出双轨摩擦的成本或代价，但比起“一步到位”的价格改革或价格“闯关”（详后）来说，风险要小得多。在所有制改革中采取先打外围战的办法，让非国有的新工商业进入，既有利于改革所有制结构，让非国有经济的比重扩大，又有利于经济的增长。这种经常被人们称之为“增量改革”（incremental reform）的渐进方式，既符合中国原来的计划经济体制覆盖率低的特点，又切合中国从二元经济向现代经济过渡的发展水平，还体现了上述改革与增长同步进行的特色。

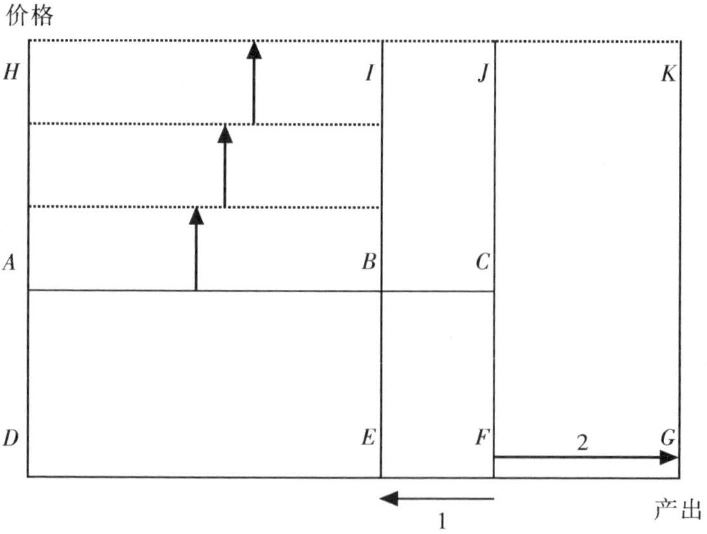

图6　农村的价格改革和所有制改革

农村的价格改革是中国价格改革的一个缩影。至于农村的土地承包，虽然保留了土地的集体所有制，但由于承包期限很长（15年再延长30年），农户的权责利是清晰的，不失为一种比较成功的所有制改革。撇开一些改革的细节不说，图6可以显示出20世纪80年代农村价格改革和所有制改革给农民带来的利益。在改革以前，农民必须把全部余粮和其他重要农产品以很低的计划价格卖给国家，得到的利益仅为*ACFD*这一块。然而，通过价格改革，农民增加了*HJCA*这一大块的利益，其中，通过价格的逐步调整得到的是*HIBA*这一块，通过价格的放开得到的是*IJCB*这一块。所谓价格的逐步调整，就是国家逐步地提高农产品的计划收购价格，改变农产品同工业品的相对价格（change the relative prices），缩小两者之间的"剪刀差"（如图6中三个往上的小箭头所示）。所谓价格的放开，就是国家减少农产品统购或定购的配额（quota），使农民可以把配额以外的农产品拿到市场上按市场价格出售（如图6中箭头1所示）。所以，放开价格实际上是改变价格的形成机制（change the mechanism of the price formation）——从计划价格变成市场价格。农村价格改革的这种"放调结合"的经验后来被推广到城市的各项改革之中。至于农村的所有制改革，其效果也是很显著的。例如，1978—1984年，农业总产值增加了42.23%（如图6中箭头2所示），其中46.89%来自家庭联产承包责任制的推行所带来的生产率的提高。农村所有制改革的成功，不仅增加了农产品的产量，而且由于可以按较高的市场价格出售这些产品，农民从中得到的利益是可观的，如图中*JKGF*这一块所示。所有制改革在城市具有很大的特殊性，难以照搬农村的经验。不过，无论是城市非国有经济的迅速发展，还是农村非农产业，特别是乡镇企业的超高速发展，应该说都是上述渐进式增量改革的显著成果。

那么，中国的经济改革有些什么教训可以吸取的呢？对此，我非常赞同经济学界的老前辈、富有经验的经济学家薛暮桥的分析，即1988年的价格“闯关”和20世纪80年代中期至90年代初期对国有企业实行的承包制，是两个值得吸取的教训。他甚至称这两条为“改革的误区”。我想简要地谈一下自己对这两个问题的看法。

第一，关于1988年夏季的价格“闯关”（shock therapy of price reform）。

被称为价格“闯关”的激进的价格改革方案是在1988年6月仓促地推出的。当时对价格改革的指导思想是“长痛不如短痛”和“一步到位”，但是，当时我国的宏观经济形势相当紧张：通货膨胀的压力很大（当时的年通货膨胀率为18.5%），双轨价格的摩擦也很严重（该年是我国改革开放20年来计划价格同市场价格之间的差距最大的一年，例如，普通钢材的计划价格是每吨700元，而市场价格是每吨1800元）。在这种情况下，要绕过制止通货膨胀和缓解双轨价格的摩擦这两个条件去实行“一步到位”的价格闯关是脱离实际的。事实正是如此。7月我应邀参加价格改革方案的讨论，但8月价格“闯关”的消息刚刚被媒体所透露，就发生了全国性的银行挤兑风潮和商店抢购风潮，这一风潮把主观设想的加快价格改革的方案冲得无影无踪。

这一次价格“闯关”的失败从反面再一次证明了上述

价格改革“调放结合”的双轨过渡方式是可行的。当然，不能“一步到位”并不是不要到位，双轨过渡的目标就是要并轨，即实行市场轨。不过，我们似乎可以从上述教训中悟出一点道理来，即究竟双重价格并轨的条件是什么。我认为，并轨的条件至少需要以下三条：首先，计划内的价格通过不断调整应该逐步接近市场均衡价格的水平，即双轨价格的差距不能太大，双轨摩擦的程度要大大降低；其次，通过价格形成机制的转换，市场轨价格的比重要扩大到相当的程度，即价格放开的部分已占较大的比例；最后，宏观经济形势不能太紧张，特别是通货的供求要比较适度。

第二，关于国有企业的承包制。

国有企业的承包制在1986年以前仅仅在一些地区和企业试行。1986年12月国务院发布《国务院关于深化企业改革增强企业活力的若干规定》以后，承包制在全国全面推开，其基本内容是“包死基数，确保上交，超收多留，欠收自补”，其间经历了两轮承包（每轮大约3年）；1992年7月国务院公布了《全民所有制工业企业转换经营机制条例》，提出将企业推向市场；1993年11月中共十四届三中全会通过了《中共中央关于建立社会主义市场经济体制若干问题的决定》，提出建立现代企业制度。此后，国有企业的承包制也就变成了历史。

对于国有企业的承包制，经济学文献中出现过以下三种不同的评价：第一种是评价很高，甚至把它当作改革的战略方向；第二种是评价一般，仅仅把它当作国有企业改革的一个阶段；第三种是评价很低，甚至把它当作改革的“误区”。上述薛暮桥先生的评价属于第三种。

我完全赞同薛老的评价，理由如下。第一，在机制的设置上，承包制强化的是企业和政府之间纵向的（vertical）一对一的讨价还价（bargaining）关系或谈判关系，而不是企业与企业之间横向的（horizontal）多个市场主体之间的平等竞争（competition）关系。这种机制设置从根本上来说是不符合市场取向的改革方向的，恰恰相反，它倒是承袭了计划经济中企业和政府之间的讨价还价关系。无非计划经济中争的是投入和产出的各项指标，承包制中争的是上缴利润的基数。第二，在国家和企业之间的利益关系上，从短期来看，国家似乎可以得到稳定的财政收入，但从长期来看，国家总是吃亏的。因为，在企业与政府部门的谈判中，对于承包基数的确定，并没有一套比较规范的标准，在谈判中，企业有利益驱动，而政府部门的干部没有责任的约束，在承包的过程中，普遍出现了企业负盈不负亏的状况，而这种状况恰恰成为国有资产流失的原因之一。于是，承包制名义上是实行所有权和经营权的分离，维护全民所有制的财产，但实际上是掏空了国家的财产。有人说这是“静悄悄的私有化”（silent privatization）。这不是有违维护全民所有制财产的初衷吗？后来的事实也证明，随着国有资产的流失和企业亏损面的扩大，承包制也难以继续维持下去。

正如薛老所指出的，“国企改革的方向和重点应逐步转向政企分开和国企的制度创新上来。国企应……成为独立核算、自主经营、自负盈亏、平等竞争、优胜劣汰的商品生产者和经营者，而承包制是解决不了这些问题的，因而延误了国企改革的时机。”我认为，这是对国有企业承包制的失误的一个科学总结。

三 中国经济改革面临的挑战

中国经济改革20年来，虽然取得了显著的成就，但仍然面临着挑战。

第一，渐进改革本身就面临着挑战。因为，渐进改革和激进改革的区分并不是绝对的，两者孰优孰劣更不是绝对的。在前一时期的改革中，我们确实通过渐进的方式以较小的风险和较低的成本取得了较大的成果，不过，中国改革的渐进方式本身就有“先易后难”“先外围后攻坚”的内涵，因此，我们必须清醒地认识到，最困难的问题还没有解决，今后必须着力于攻坚和克服难点。例如，国有企业的改革、金融体系的改革、住房制度的改革、社会保障体系的改革等，都是属于攻坚的难题。如果我们不是知难而进，而是知难而退；如果我们满足于渐进改革的已有成就，甚至把渐进改革的优点加以绝对化，从而有意无意地拖延改革的进程，那么，改革的成本就会上升，改革的正面效应就会下降。试想，如果我们眼看实行激进改革的那些国家纷纷获得了经济的回升，我们还能心安理得地躺在既得的成就上吗？

第二，改革所面临的挑战还表现在如何处理好以下几个平衡关系上。

1. 改革、发展和稳定之间的平衡关系

正确处理这三者的关系是一个原则，但实践中如何运用这一原则是一个非常复杂的问题。有的经济学家强调稳定，提出“稳中求进”，在经济政策上强调控制通货膨胀；有的经济学家强调发展和改革，实际上是主张 “进中求稳”，在经济政策上强调增长和就业。我认为，根据中国的国情，处理这三者的关系主要是要解决如何把短期利益和长期利益结合起来的问题，特别是要防止追求暂时的稳定而忽视改革、削弱发展的倾向。比如说，国有企业改革同社会保障体系改革的关系中就有一个如何把短期稳定和长期稳定结合起来的问题。人们还记得，20世纪90年代初国有企业改革中曾经掀起了一个“破三铁”（铁交椅、铁饭碗和铁工资）的热潮，这本来是国有企业改革这个题目中的应有之意，但由于当时缺乏必要的社会保障体系与之配合，“破三铁”不得不陷入停顿，以防止职工流落街头，影响社会的稳定。为了短期的稳定，那样做是完全可以理解的，但是那样做问题并没有解决，过了若干年以后，“破三铁”中所遇到的问题又通过职工“下岗”等形式表现出来了，而为了妥善安排下岗职工，社会保障体系改革的问题又再一次地被提到日程上来。于是我们似乎可以得出这样一个看法：国有企业改革同社会保障体系改革要尽可能地避免顾此失彼和打打停停，而应该建立起良性循环或良性互动的关系。只有这样，才能既推动改革的进展，又保持社会经济的稳定——不仅是短期稳定，而且是长期的稳定。近年来，“可持续发展”（sustained development or sustainable development）的观念已经被举国上下所认同，我们是不是也应该树立起“可持续稳定”的观念，以促进改革和发展的持续进行呢？

2. 经济改革内部的平衡关系

经济改革内部的平衡关系，就是我们通常所说的经济改革的各个环节之间的配套问题。这是改革的初始阶段就提出来的问题，不过在改革已经深化的现阶段更有其现实意义。当然，配套改革并不意味着各项改革必须机械地齐头并进，事实上，以往的各项改革也是有先有后的。例如，农村改革先于城市改革，价格改革先于所有制改革或产权改革。不过，这种有先有后的改革就像两条腿走路一样，一条腿先迈出一步，另一条腿随后总要跟上，两条腿互相配合，才能顺利地向前走。改革的各个环节之间，也有这种互相配合的问题，不能有的环节过分地超前，而另一些环节过分地滞后。就目前的情况来说，在经济改革中，产权改革仍然滞后于市场改革，而在市场改革中，要素市场的发育仍然滞后于产品市场的发育。诸如此类的滞后问题，都需要在今后的改革中逐步加以解决。目前，我国经济的市场化已经达到了相当的程度。据测算，价格形成的市场化程度在60%～70%之间，其中社会商品零售总额的市场化程度已达92.5%。但是，由于产权制度改革的滞后，使得国有企业的改革难以摆脱困境，而国有企业改革的困难，又拖住了金融体制改革和银行商业化的进程。据估计，目前我国国有企业的不良债务达1万亿元以上，其中大约有6000亿元到8000亿元表现为国有银行的不良债权。正如有的学者所指出的，“没有真正的企业，就没有真正的银行”。住房商品化和劳动力市场化之间也有类似的关系：市场价格很高的住房职工买不起，公有住房以较低的价格卖给职工以后又不能随便卖出；住房资源缺乏流动性制约着劳动力的流动性，劳动力缺乏流动性又制约着企业走向市场。事到如今，经济改革的各种难点实际上已经像一筐螃蟹一样互相绞在一起，必须解开扣子、打破僵局，才能推动改革向前发展。

3. 经济改革同政治改革及其他非经济因素的平衡关系

随着经济改革的进一步深入，必然要求各种非经济因素，包括政治、道德、文化等因素与之相配套。如上所述，经济改革优先于政治改革是中国改革的特点之一，在一定意义上，还是中国改革的优点之一。然而，几乎没有人认为，经济改革的推进根本不需要政治改革与之相配套，或者政治改革可以无期限地滞后。

国有企业经营机制的转换同政府职能的转换之间的关系，是经济改革同政治改革之间的关系的一个典型事例。国有企业改革的一个重要任务就是要把企业从政府机构的附属物变成市场的主体。显然，要完成这一任务，只有企业单方面的努力是不够的。企业经营机制的转换同政府职能的转换可以说是一个问题的两个方面。当企业改革深入到一定程度后，如何转换政府职能往往成为矛盾的主要方面。如果没有政府职能的转换，产权清晰、政企分开、自主经营等都只能是一句空话。

当然，转换政府职能并不意味着政府是无所作为的。正如世界银行1997年的世界发展报告所指出的：良好的政府不是一个奢侈品，没有一个有效的政府，经济和社会的可持续发展是不可能的；在市场失灵的场合，没有政府的干预也是不行的。

在市场失灵的领域，不仅要有政府的干预，还要有道德的调节。道德因素对经济改革和经济发展的意义，已越来越引起人们的重视。“如何处理经济人和道德人的关系”这个亚当·斯密时代就提出来的古老问题，目前已越来越引起中国学术界的关注。我相信，随着经济改革的进一步深入，道德因素必将起到更加重要的制约作用。

总之，中国经济改革所面临的挑战是相当严峻的。世界银行的首席经济学家约瑟夫·斯蒂格利茨（Joseph Stiglitz）于1998年夏来华作报告时，一方面赞扬了中国经济改革取得的辉煌成就，另一方面也指出了中国经济改革“面临的难点和艰巨挑战”。

人们常常说，经济改革是一个系统工程。这就经济本身而言，已是如此，如果再考虑到各种非经济因素的配合，经济改革则是一项更大的系统工程。我们已经为这一工程奋斗了20年，今后应该迎接新的挑战，以更大的热情和毅力来完成中华民族历史上前所未有的这一项伟大的工程。

（本文写于1999年1月，主要内容原载《经济社会体制比较》1999年第3期;《新华文摘》1999年第9期摘要转载。同时被收入以下英文书：*Review of Economic Reform in China*: *Features*, *Experiences and Changes*, *China Twenty Years of Reform*, Edited by Ross Garnaut & Ligang Song, Canberra: Asia Pacific Press, 1999.）

参考文献：

［1］Dwight H. Perkins. *Reforming the Economic Systems of Vietnam and Laos*[M]//*The Challenge of Reform in Indochina. London：Chathan House*，1993.

［2］石川滋，丁濂. 社会主义经济和中国的经验——对经济改革的展望[J]. 科技导报，1986（2）.

［3］赵人伟，荣敬本. 我国原来属于什么经济模式[J]. 经济学动态，1982（2）.

［4］赵人伟. 中国经济体制改革目标模式的总体设想[M]//刘国光. 中国经济体制改革的模式研究. 北京：中国社会科学出版社，1988：52–94.

［5］加藤弘之. 中国的经济发展与市场化[M]. 名古屋：日本名古屋大学出版社，1997：11.

［6］中国共产党全国代表大会. 中国共产党第十四次全国代表大会文件汇编[M]. 北京：人民出版社，1992：22.

［7］Adam Przeworski. *Democracy and The Market: Political and Economic Reforms in Eastern Europe and Latin America*[M]. Cambridge：Cambridge University Press，1991.

［8］林毅夫，蔡方，李周. 中国的奇迹：发展战略与经济改革[M]. 上海：上海人民出版社，1994：247.

［9］The World Bank. *Sharing Rising Incomes: Disparities in China*[M]. Washington D.C.，1997：9.

［10］赵人伟，李实. 中国居民收入差距的扩大及其原因[J]. 经济研究，1997（9）.

[11] 世界银行. 1996年世界银行发展报告：从计划到市场[M]. 北京：中国财政经济出版社，1996.

[12] 吴敬琏. 渐进与激进——中国改革道路的选择[M]. 北京：经济科学出版社，1996：1–10.

[13] 樊纲. 中国经济体制改革的特征与趋势[M]//吴敬琏. 渐进与激进——中国改革道路的选择. 北京：经济科学出版社，1996：11–22.

[14] 陈吉元. 农村经济体制改革[M]//张卓元，等. 20年经济改革：回顾与展望. 北京：中国计划出版社，1998：81.

[15] 王燕臣. 薛暮桥回忆中国改革曲折历程[J]. 经济导报（香港），1998（42）.

[16] 温桂方. 价格改革[M]//张卓元，等. 20年经济改革：回顾与展望. 北京：中国计划出版社，1998：118–130.

[17] 杨继绳. 邓小平时代：中国改革开放二十年纪实[M]. 北京：中央编译出版社，1998：446–447.

[18] 世界银行. 1997年世界发展报告：变革世界中的政府[M]. 北京：中国财政经济出版社，1997.

[19] 约瑟夫·斯蒂格利茨. 中国改革的第二代策略[N]. 大公报，1998–10–21.

附录二：主要学术论著出版情况

一 关于居民收入分配和财产分布问题

专著：

1.《紫竹探真：收入分配及其他》，上海远东出版社，2007年。

2.《中国居民收入分配再研究：经济改革和发展中的收入分配》，同李实、卡尔·李思勤合编，中国财政经济出版社，1999年。

3.《中国居民收入分配研究》，同基斯·格里芬、朱玲、李实合编，中国社会科学出版社，1994年。

4. *China's Retreat from Equality: Income Distribution and Economic Transition*，Edited with Carl Riskin and Li Shi，M.E. Sharpe， New York，London， 2001.

5. *The Distribution of Income in China*，Edited with Keith Griffin，The Macmillan Press， London，1993；US edition: St. Martin's Press，1993.

论文：

1.《关注收入分配中的纵向失衡问题》，《探索与争鸣》2012年第5期。

2.《收入分配差距较大的形成原因与解决途径》，《求是》2011年第2期。

3.《深化改革是解决收入分配问题的根本途径》，《中国人才》2011年第3期。

4.《重视居民财产及其收入的意义》，《中国改革》2008年第1期。

5.《中国居民收入分配研究Ⅲ》序言，载《中国居民收入分配研究Ⅲ》，北京师范大学出版社，2008年。

6.《从收入分配和财产分布看中国的渐进式经济改革》，载中国（海南）改革发展研究院编《强国之路——中国改革步入30年》，中国经济出版社，2008年。

7.《从收入和财富分配看中国渐进式经济改革》，载新加坡南洋理工大学《中国企业研究国际研讨会2007论文汇编》，第13页至第24页，八方文化创作室2008年9月版。

8.《我国居民收入分配和财产分布问题分析》，《当代财经》（江西财经大学主办）2007年第7期；《新华文摘》2007年第20期转载。

9.《收入分配、财产分配和渐进改革》，《经济社会体制比较》2005年第5期。

10.《中国居民财产分布研究》，同李实、丁赛合著，《中国经济时报》2005年4月25日、26日；《新华文摘》2005年第14期摘要转载，全文载《新知研究院研究报告》，西南财经大学出版社，2006年；收录于李实等主编的《中国居民收入分配研究Ⅲ》，北京师范大学出版社，2008年。

11.《中国居民收入差距的来龙去脉》，载《面向21世纪人文社会科学100个重大问题》，山东教育出版社，2005年。

12.《深化收入分配制度改革》，载王梦奎主编《回顾和前瞻——走向市场经济的中国》，中国经济出版社，2003年。

13.《转型时期的收入分配改革对策》，《国家行政学院学报》2002年第2期。

14.《中国居民收入差距的扩大及其原因》，同李实合著，《经济研究》1997年第9期。

15.《我国转型期中收入分配的一些特殊现象》，《经济研究》1992年第1期。

16.《劳动者个人收入分配的若干变化趋势》，《经济研究》1985年第3期。

17. *The Distribution of Wealth in China*, with Ding Sai, in *Inequality and Public Policy in China*, Edited by Bjorn A.Gustafsson, LiShi and Terry Sicular, Cambridge University Press, New York, 2008.

18. *The Trend of Changes in the Distribution of Worker's Income*, *International Journal of Social Economics*, England, Special Issue, Vol.18, Numbers 8/9/10, 1991.

19. *Two Contrasting Phenomena in China's Income Distribution*, *Cambridge Journal of Economics*, England, September, 1990.

二 关于计划和市场的问题

论文：

1.《总结经验，继续前进——计划和市场的关系问题的再探索》，《求是》杂志第13期，1990年7月1日。

2.《我国计划和市场问题讨论述评》，《经济研究资料》1985年第4期。

3.《社会主义计划经济和市场机制》，载董辅礽主编的《社会主义经济制度及其优越性》，北京出版社，1981年。

4.《论社会主义经济中计划和市场的关系》，同刘国光合作，《经济研究》1979年第5期。

5. *Relationship Between Planning and market as Seen by China in her Socialist Economy*，with Liu Guoguang and Wu Jinglian，*Atlantic Economic Journal*，USA，December，1979.

三 关于社会主义经济不同模式的比较和我国经济改革的目标模式问题

专著：

《社会主义经济模式问题论著选辑》，同荣敬本、吴敬琏合编，人民出版社1983年版。

论文：

1.《中国经济体制改革目标模式的总体设想》，载刘国光主编的《中国经济体制改革的模式研究》，中国社会科学出版社，1988年。

2.《我国原来属于什么经济模式》，同荣敬本合作，《经济学动态》1982年第2期。

3.《我国应该选择什么经济模式》，同荣敬本合作，《经济学动态》1982年第3期。

4.《布鲁斯关于社会主义经济模式的理论》，《外国经济学讲座》第3册，中国社会科学出版社，1981年。

5.《关于社会主义经济不同模式的划分问题——对外国经济学家的几种不同划分法的初步介绍和评论》，《经济学动态》1980年第6期。

6.《布鲁斯教授谈经济管理体制的改革》，载《中国社会科学院简报》第2期，1980年1月27日；并载《经济研究参考资料》总第259期，1980年4月16日。

四 关于经济体制转型、经济发展转型和经济学人转型的问题

专著：

《经济转型和民生》，中国社会科学出版社，2015年。

论文：

1.《中长期发展规划借鉴国际经验的问题》，《经济学动态》2011年第8期。

2.《经济学人的探索和转型》，《经济研究》2011年第6期。

3.《中国渐进式经济改革的成效与挑战》，《中国社会科学院经济学部学部委员与荣誉学部委员文集——纪念改革开放30周年》，经济管理出版社，2009年。

4.《一个经济学家的学术探索之旅——读科尔奈的自传〈思想的力量〉有感》，《经济社会体制比较》2009年第6期。

5.《中国经济学界的演化》，《中国社会科学院经济学部：学部委员与荣誉学部委员文集》，经济管理出版社，2008年。

6.《1985年“巴山轮会议”的回顾与思考》，《经济研究》2008年第12期。

7.《总结省域经济转型的有益探索——评方民生等著〈浙江制度变迁与发展轨迹〉一书》，《经济研究》2001年第2期。

8.《对我国经济改革二十年的若干思考——特点、经验教训和面临的挑战》，《经济社会体制比较》1999年第3期；《新华文摘》1999年第9期摘要转载。

9.《中国经济改革的回顾与展望》，《香港经济导报创刊五十周年纪念特刊》，1996年。

10.《市场化改革过程中的实物化倾向》，同陈东琪、王忠民合作，《经济研究》1989年第4期。

11.《我国经济体制改革过程中的双重体制问题》，《经济研究》1986年第6期。

12.《关于发展战略的指导思想问题》，《经济学动态》1985年第2期。

13. *Review of Economic Reform in China: Features, Experiences and Changes*, in *China Twenty Years of Reform*, Edited by Ross Garnaut & Ligang Song, Asia Pacific Press,

Canberra, 1999.

14. *The Dual Pricing System in China's Industry*, with Wu Jinglian, *Journal of Comparative Economics*, USA, November, 1987.

五 关于社会保障体制改革的问题

专著：

《中国的经济转型和社会保障改革》，同赖德胜、魏众合编，北京师范大学出版社，2006年。

论文：

1.《十年磨一剑——读〈减轻经济全球化中的健康脆弱性：中国农村案例研究〉》，《经济研究》2008年第10期。

2.《从经济转型看中国的社会保障体制改革》，《经济学动态》2006年第4期。

3.《对东欧国家卫生部门改革的有益探索——读科尔奈等著〈转轨中的福利、选择和一致性〉一书》，《比较》第7辑，中信出版社，2003年。

4.《福利国家的转型和中国社会保障体制的改革》，载《新知研究院研究报告》，西南财经大学出版社，2003年。

六 其他

译著：

瑞典作者阿萨·林德贝克的《新左派政治经济学——

一个局外人的看法》，与张自庄合译，商务印书馆1980年初版；2013年再版。

述评：

《关于简单再生产和扩大再生产问题的讨论》，《经济研究》1964年第1期。

论文：

《关于区分简单再生产和扩大再生产的尺度问题》，《经济研究》1964年第9期。

附录三：研究成果获奖情况

1.《社会主义计划经济和市场机制》（赵人伟独著，载董辅礽主编的《社会主义制度及其优越性》，北京出版社，1981年），于1984年获得第一届孙冶方经济科学论文奖。

2.《劳动者个人收入分配的若干变化趋势》（赵人伟独著，载《经济研究》1985年第3期），于1986年获得第二届孙冶方经济科学论文奖。

3.《中国居民收入分配研究（序言）》（赵人伟、李实合著，中国社会科学出版社，1994年2月），于1994年获得第六届孙冶方经济科学论文奖。

4.《中国居民收入分配研究》（赵人伟、格里芬主编，朱玲、李实副主编，中国社会科学出版社，1994年），于1996年获得中国社会科学院（专著类）优秀科研成果奖。

5.《中国的经济转型和社会保障改革》（赵人伟、赖德胜、魏众主编，北京师范大学出版社，2006年），于2007年获得新闻出版总署“三个一百”原创图书奖。

6.《中国经济转型和发展中的收入分配理论》于2017年获得第八届中国经济理论创新奖（同时获奖的有李实和陈宗胜）。